KB173053

스피노자가 들려주는
윤리 이야기

스피노자가 들려주는

윤리 이야기

ⓒ 김익현, 2008

초판 1쇄 발행일 2008년 2월 29일
초판 11쇄 발행일 2023년 6월 30일

지은이   김익현
그림   김정진
펴낸이   정은영

펴낸곳   (주)자음과모음
출판등록   2001년 11월 28일 제2001-000259호
주소   10881 경기도 파주시 회동길 325-20
전화   편집부 (02)324-2347 경영지원부 (02)325-6047
팩스   편집부 (02)324-2348 경영지원부 (02)2648-1311
e-mail   jamoteen@jamobook.com

ISBN 978-89-544-1982-6 (64100)

스피노자가 들려주는
윤리 이야기

김익현 지음

㈜자음과모음

책머리에

이 책에서 저는 여러분에게 철학자 스피노자 이야기를 하려고 합니다. 스피노자는 1632년 11월 24일, 네덜란드의 암스테르담 유대 공동체에서 태어났습니다. 그의 집안은 스페인과 포르투갈에서 박해를 피해 네덜란드로 이민 온 유대인들이었습니다. 그 당시 유대인들이 네덜란드에 정착했던 이유는 네덜란드와 유대인들의 이해관계가 잘 맞아떨어졌기 때문입니다. 이를테면 종교적 박해에 시달리던 유대인들에게는 종교적으로 관대했던 네덜란드가 정착하기에 좋은 곳이었고, 네덜란드 역시 스페인으로부터 독립한 신생독립국으로서 경제 성장을 위해 탁월한 상업적 능력을 가진 유대인들이 필요했습니다.

스피노자의 아버지는 영향력 있는 부유한 상인이었습니다. 그래서 스피노자는 비교적 풍족한 어린 시절을 보냈고, 유달리 총명해서 유대 공동체를 이끌어 갈 재목감으로 일찌감치 사람들의 주목을 받았습니다.

하지만 그 당시 스피노자는 새로운 과학과 데카르트의 철학 등에 영향을 받아 공동체의 바람과는 달리 점차 유대교의 교의에 반하는 사상—신은 순수하게 정신적인 존재가 아니며, 인격신과 천사는 상상의 산물이고 영혼은 불멸하지 않는다—을 주장합니다. 유대 교회는 회유와 협박으로 스피노자의 마음을 돌려놓으려고 했으나 스피노자는 자신의 신념과 태도를 바꾸지 않았습니다.

그 결과 마침내 유대 교회는 스피노자를 파문하기로 결정합니다. 파문되어 자신이 몸담고 있던 공동체에서 추방당하는 것은 종교적 박해를 피해 정처 없이 이곳저곳을 쫓겨 다녀야 했던 유대인들에게는 일종의 사형 선고라고 할 수 있습니다. 그의 모든 경력은 인정되지 않았고, 심지어 가족까지도 그를 받아 주지 않았습니다. 뿐만 아니라 광신적인 유대교도에게 테러를 당하기까지 했습니다. 경제적으로는 물론이요, 정신적으로도 스피노자가 엄청나게 힘들었으리라는 것을 짐작할 수 있습니다.

하지만 파문 소식을 접한 스피노자는 두려워하기보다는 "모두 잘됐다. 그들이 이제 나를 어쩌지는 못한다"고 하면서 홀가분했다고 합니다. 스피노자는 공동체의 구성원으로서 공동체의 공식 입장과는 다른 자신의 생각을 자유롭게 표현하지 못하는 고통을 파문을 당해 겪는 고통보다 더 힘들게 느꼈던 것 같습니다.

스피노자의 생애에 있어서 파문은 단순한 파문 이상의 의미를 지닙니다. 스피노자는 참된 진리에 대한 신념 때문에 파문을 당했지만, 오히려 그 파문 덕분에 자유롭게 자신의 신념과 철학을 체계화하는 데 헌신할 수 있었습니다. 덕분에 우리는 종교에 오염되지 않은 스피노자의 철학을 만날 수 있게 된 것입니다. 이는 데카르트와 비교되는 부분입니다. 기질적으로 데카르트는 조심스럽고 신중하게 종교의 눈치를 보면서 철학을 했기 때문에 그의 철학은 종교와의 타협과 절충의 산물이라고 할 수 있습니다. 하지만 스피노자는 진리를 위해서라면 그 어떤 것도 두려워하지 않고 포기할 수 있다고 생각했던 대담한 성격의 소유자였습니다.

스피노자는 파문을 당하여 공동체로부터 추방된 후, 안경 렌즈를 세공하면서 생계를 유지했던 것으로 알려져 있습니다. 그러나 진정 스피노자가 평생을 바쳐 갈았던 것은 우리가 사용하고 있는 안경이 아니라 이성적 사유(철학)라는 안경이었다고 생각합니다. 철학이라는 자신의 안경을 통해서 사람들이 보지 못하는 것을 볼 수 있게끔 해 주었다는 의미에서 말입니다.

2008년 2월
김익현

C O N T E N T S

프롤로그

"아이고, 여보! 글쎄 안 된다니까 그러네."

"안 된다고만 하지 말고 잘 좀 생각해 봐. 내가 만날 그러는 것도 아니고 이번 딱 한 번이라니까……."

"……."

"어허, 서방님 말씀하시는데 듣는 척도 안 하면 쓰나? 우리 예쁜 김 여사님, 조금만 더 생각해 보면 안 될까, 응?"

아빠의 징그러운 애교에 엄마가 아무 대꾸도 안 하시니까 아빠는 헛기침을 크게 하면서 으름장을 놓으십니다. 하지만 엄마는 눈도 깜박 안 하십니다. 사랑싸움을 하시는 걸까요? 정말 진지하게 싸우시는 걸까요?

그런데 참 이상합니다. 이렇게 자주 티격태격하시는데도 동네 사람들은 우리 부모님을 잉꼬부부라고 부르면서 부러워하거든요.

"우리 이번에 차 좀 새로 사면 안 될까?"

"차는 갑자기 왜요?"

"어, 워낙 오래돼서 그런지 잔고장도 자꾸 생기고 속도감도 떨어지고……."

"출퇴근하면서 얼마나 달리겠다고 그러세요. 아직 바꾸려면 5년은 더 타야해욧!"

"솔직히 우리 차는 아무리 세차를 해도 폼이 안 나잖아, 폼이. 이번에 이 과장이랑 박 계장이 차를 새로 샀는데 아주 좋더라고. 조금만 밟으면 서울에서 부산까지 30분 안에 가겠더라니까. 스르륵 굴러가는 느낌이 여간 좋은 게 아니야."

"아이고, 아저씨! 서울에서 부산까지 30분 안에 가려면 차를 바꾸지 말고 축지법 같은 걸 배우시구려."

"아이고, 아줌마! 그게 승차감이 좋다는 거지요. 도통 유머가 안 통하시는구면."

"어쨌든, 당신이 어린애예요? 폼 때문에 차를 바꾸게……. 앞으로 큰 돈 들어갈 일이 한둘이 아닌데……. 큰애 등록금 내고, 졸업하면 결혼 비용도 보태 줘야 하고, 작은애도 내년에 중학교 가면 학원비도 오르고 과외도 해야 하고, 생각만 해도 머리가 아프구면."

"하기는 그래, 우리 형편에 차는 무슨……."

사실 나도 오래전부터 갖고 싶었던 물건이 하나 있습니다. 그것은, 바로 바로 바로 바로! 안마기입니다. 겨우 초등학교 6학년인 학생이 무슨 안마기가 필요하냐고 하냐고요? 물론 제가 쓰려는 것은 아닙니다. 저는 그냥 우리 동네 구멍가게 할머니께 안마기를 꼭 선물해 드리고 싶습니다.

구멍가게 할머니는 혼자 살고 계십니다. 작은 가게에 딸려 있는 단칸방에서 외롭게 하루하루를 보내십니다. 예전에는 우리 동네 사람들 대부분이 할머니네 가게에서 물건을 샀었습니다. 하지만 큰길가에 대형 마트가 생기고 나서부터 할머니네 가게는 손님들의 발길이 뜸해졌습니다.

구멍가게 할머니를 보면 우리 할머니가 떠오릅니다. 한쪽 다리를 살짝 절면서 걸으시는 뒷모습이 우리 할머니와 꽤 비슷하시거든요. 또 웃으실 때 얼굴 한가득 부드러운 주름살이 잡히는 모습을 보면, 나는 막 할머니 품에서 어리광을 부리고 싶은 마음이 생깁니다. 하지만 구멍가게 할머니는 우리 할머니가 아니니까 꾹 참아야 한다는 걸 알고 있습니다.

나는 다섯 살 때부터 할머니의 손에서 자랐습니다. 할머니가 언제나 나를 지켜 주실 거라 믿었는지도 모릅니다. 어느 날엔가 동네 아이들하고 놀다가 집에 들어가야 하는 시간을 넘긴 적이 있었습니다. 그때 할머니는 나를 찾아다니시다가 넘어져 응급실에 가게 되었습니다.

그 일이 있은 후에 할머니는 걷지도 못하셨고, 통증 때문에 제대로 주무시지도 못했습니다. 나는 마냥 걱정이 되어서 할머니 옆에 앉아 다리를 주물러 드리곤 했었습니다.

"아가, 오늘은 안 나가 노냐?"

"애들이 전부 어딜 갔나 봐요. 오늘은 할머니랑 놀래요."

"원, 녀석도……"

그때마다 할머니는 흐뭇하게 웃으셨습니다.

그때 저는 생각했습니다.

'할머니께 안마기를 선물해 드리면 얼마나 좋을까? 그러면 내가 잠자고 있을 때나 밥을 먹을 때에도 안마기가 우리 할머니 다리를 주물러 줄 수 있을 텐데……'

나는 매일 매일 안마기 생각만 했습니다.

며칠 뒤에 할머니는 다시 입원하셨습니다. 할머니는 점점 얼굴이 창백해지고 말수도 줄었습니다. 할머니는 그렇게 몇 달을 더 계시다가 결국 병원에서 돌아가셨습니다. 나는 안마기를 사 드리기도 전에 돌아가신 할머니가 원망스럽기도 하고, 나 때문에 고생하신 할머니께 죄송스럽기도 했습니다.

최근에 듣게 된 사실이지만 할머니는 위암으로 돌아가셨다고 합니다.

길에서 넘어져 다치셨을 때 응급실에서 여러 가지 검사를 하다가 알게 되었는데 그때는 너무 늦어서 손쓸 수가 없었다고 합니다.

하지만 나는 그 얘기를 듣기 전까지 할머니가 넘어져서 돌아가신 줄 알았습니다. 나 때문에……. 내가 할머니의 다리를 조금 더 열심히 주물러 드렸더라면 할머니의 병이 나았을지도 모르겠습니다. 내가 친구들이랑 노는 시간에, 밥을 먹는 시간에, 잠을 자는 시간에도 할머니의 다리를 주물러 드렸다면 할머니가 조금 덜 아프셨을지도 모르겠습니다. 그래서 나는 우리 동네 구멍가게 할머니께 하루 빨리 안마기를 선물해 드리고 싶은 것입니다.

자기 보존의 원리와
존재 역량

 신은 곧 자연이다.

1 내 친구 경환이

단짝 친구인 경환이가 우리 집에 놀러 왔습니다. 한창 저기압이
시던 엄마가 웬일로 떡볶이를 해 줄 테니 친구들을 데리고 오라고
하신 것입니다. 전쟁 분위기에 약간 위축되어 있었던 나는, 오랜
만에 아주 신이 났습니다.

경환이는 작년 가을부터 친해진 친구입니다. 그 전에도 같은 반
이긴 했지만 우울하고 내성적인 아이인 것 같아서 말 한마디도 나
누지 못했습니다. 반 친구들도 경환이와 어울리려고 하지 않았습

니다. 우리들도 대부분 중학교에 입학해서 처음 보는 사이긴 하지만 경환이는 학기가 시작되고도 한참 뒤에야 전학을 왔기 때문입니다. 더 큰 문제는 누군가가 경환이에게 말을 걸면 '상관하지마, 관심 꺼.' 하는 듯한 표정으로 간단명료하게 필요한 대답만 하는 것이었습니다. 나 역시 도시락을 뺏어 먹다가 친구들에게 미움을 좀 받기는 했지만 두루뭉술하게 친구들과 잘 어울리는 편이었습니다. 그래도 경환이에게는 말을 붙이기가 어려워서 계속 망설이고만 있었습니다.

2학기 중간고사가 끝나고 나와 엄마는 예민해질 대로 예민해져 있었습니다. 성적표가 아직 나오지는 않았지만 채점한 결과가 아주 엉망이었고, 엄마가 감기 몸살이 심해 마음이 더 불편했거든요. 엎친 데 덮친 격으로 학교 식당이 보수 공사를 하는 바람에 나는 매일 끼니가 될 만한 것을 사 먹어야 했습니다. 누나는 아픈 엄마 대신 집안일을 하기는 했지만 내 도시락까지 싸 주지는 않았습니다. 나처럼 먹성 좋은 중학생이 빵이나 김밥으로 점심을 해결하려니 늘 뭔가 부족한 느낌이었습니다. 더 화가 나는 건 엄마가 다 나으신 뒤에도 도시락을 싸 주지 않는다는 것이었습니다.

"오늘도 사 먹어? 이제 안 아프시잖아요."

"엄마가 아직도 마음이 덜 나았어. 그 학교는 왜 때맞춰 공사를 한다니?"

"열흘 만에 저 살 빠진 것 좀 보세요."

"어디가 빠졌는지 자세히 좀 보자. 엄마 눈에는 포동포동한 돼지 한 마리가 있구먼."

"됐어요. 엄마랑 얘기해 봐야 내 입만 아프지."

다음 날 엄마는 돈 대신 도시락을 건네주셨습니다. 나는 기쁜 마음에 도시락을 덥석 잡고 싶었지만 일부러 퉁명스럽게 굴었습니다.

"웬일이세요? 도시락을 다 싸 주시고. 아무튼 잘 먹겠습니다."

"그래, 우리 아들…… 맛있게 먹고 잘 다녀와?"

"다녀오겠습니다!"

현관문을 열고 두세 발자국을 떼기도 전에 퉁명스럽게 말씀드린 것이 후회되었지만 일단은 학교에 가기로 했습니다.

드디어 점심시간이 되었습니다. 짜잔! 기대에 차서 도시락을 열자 나는 뭐라고 설명할 수 없는 감정에 휩싸였습니다. 초등학교

때 이후로 거의 1년 만에, 열흘의 괴로움을 참고 받게 된 도시락! 흰밥 위로 연녹색 콩들이 하트 모양을 이루고 있었습니다.

　나는 엄마의 마음이 느껴져서 기분이 좋았지만 반 친구들이 놀릴 걸 생각하니 창피하기도 했습니다. 아니나 다를까 몇몇 친구들이 웃음을 터뜨렸고, 멀리 앉아 있던 친구들도 기웃거리기 시작했습니다.

　'아이, 이게 웬 창피람.'

　이제 누군가가 한마디 하겠구나 싶었을 때 반 친구들을 모두 놀라게 한 사람은 다름 아닌 경환이었습니다.

　"참 나, 사내 자식이 노는 꼴 하고는. 너희 엄마는 네가 계집앤 줄 아시나 보지? 취향 한번 독특하시네."

　뭐 중학교 남학생과 연녹색 하트 콩이 좀 어울리지는 않지만 그렇다고 우리 엄마의 흉을 볼 것까지는 없다는 생각이 들었습니다.

　"야! 이경환! 너 말 다했어? 우리 엄마 취향이 뭐가 어때서?"

　"너 같이 덩치 좋은 놈이랑 하트가 어울리기나 하냐? 취향이 독특하시거나 눈이 나쁘신 건가?"

　나는 의자를 박차고 벌떡 일어났습니다.

　"너 부러워서 그러지? 이런 도시락이라도 싸 줄 사람이 있냐?"

'아차!'

일부러 그런 것은 아닌데 나도 모르게 경환이의 아픈 곳을 건드리고 말았습니다. 경환이네 어머니는 경환이가 초등학교 6학년이 끝나 갈 무렵에 교통사고로 돌아가셨거든요. 나는 내가 한 말에 당황스럽고 난처해져서 어쩔 줄 모르고 서 있었습니다. 경환이는 얼굴이 조금 붉어지는가 싶더니 교실 밖으로 나가 버렸습니다. 교실 분위기가 순간 쥐 죽은 듯이 조용해지고, 몇몇 친구들이 나를 비난의 눈길로 쳐다보았습니다. 나는 친구들의 시선보다도 크게 상처 받았을 경환이 때문에 마음이 아팠습니다. 내 머리를 콩콩 쥐어박았지만 아픈 것 같지도 않았습니다.

결국 경환이는 점심시간이 끝나고 5교시, 6교시가 끝나도 교실로 돌아오지 않았습니다. 나는 수업 시간 내내 안절부절 못하고 들썩거리다가 7교시를 땡땡이치기로 마음먹었습니다.

가능하면 선생님들의 눈에 띄지 않게 학교 구석구석을 돌아다녔습니다. 경환이가 눈에 잘 띄는 곳에 있을 리가 없으니까요. 경환이를 발견한 곳은 학교 건물에서 꽤 떨어져 있는 소각장과 창고 사이였습니다.

"야, 폼 안 나게 이런 데 숨어 있냐?"

나는 경환이의 반응이 몹시 두려웠지만 일단 옆에 가서 털썩 앉았습니다.

"이런 데 있어야 오랫동안 안 들키고 숨어 있지. 근데 여긴 왜 왔어?"

"미안해, 일부러 그런 건 아니었는데…… 내가, 그게……."

"아냐, 괜히 시비 건 내 잘못도 있지. 그 도시락을 보니까 너무 부러워서 괜히 화가 나더라고."

"……."

"사실 나…… 전에 다니던 학교에서 사고 쳐서 전학 왔거든. 친구랑 좀 싸웠는데 친구 어머니가 오셔서는 엄마 없이 자란 애는 꼭 저 모양이라고 하시잖아. 그래서 내가 그 애 손 좀 봐 줬지. 흐흐."

"……."

"이건 비밀이다. 아무에게도 말하면 안 돼."

씨익 웃는 경환이를 보니까 내 마음이 좀 편해지는 것 같았습니다. 대화를 하다 보니까 경환이가 그렇게 우울하고 내성적인 녀석이 아니라는 것도 알게 되었습니다.

"근데 지금 몇 교시냐?"

"7교시."

"7교시? 아~ 난 이제 죽었다. 3시간이나 땡땡이친 거야?"

"야, 넌 걱정할 거 없어. 갑자기 배 아파서 양호실에 간 걸로 돼 있으니까. 근데 난 어떡하냐?"

"하하, 나한테 미안한 대가라고 생각해라."

"뭐~?"

"야, 그래도 연녹색 하트 콩은 좀 심하지 않냐? 하하하."

우리는 웃으면서 자리를 털고 일어났고, 연녹색 하트 콩 덕분에 둘도 없는 친구 사이가 되었습니다.

2 경환이의 빈자리

"안녕하세요? 저는 이경환입니다."

"어서 오렴. 경환이는 떡볶이 좋아하니?"

"네, 없어서 못 먹는걸요. 아마 떡볶이는 우식이보다 제가 더 잘 먹을 거예요."

"그러니? 잘됐구나. 조금만 기다리렴."

알고 보면 경환이는 참 넉살 좋고 밝은 친구입니다. 이 사실을 선생님이나 친구들은 잘 모르지만요. 경환이는 아마 어머니의 사고 때문에 마음을 열지 못하는 것일 뿐이라고 나는 늘 생각합니다.

한창 게임에 몰두하고 있는데 엄마가 떡볶이와 음료수를 들고 들어오셨습니다.

"얘들아, 떡볶이 먹으렴."

"잘 먹겠습니다. 정말 맛있어 보여요."

"야, 너 때문에 게임이 끝났잖아? 게임 하다 말고 벌떡 일어나면 어떡하냐?"

"우식아, 너도 경환이한테 좀 배워라. 얼마나 예의 바르고 싹싹하니? 경환아, 많이 먹어라."

"엄마도 참. 잘 먹겠습니다."

엄마가 문을 열고 나가시기도 전에 우리는 떡볶이를 먹느라 정신이 없었습니다. 우리 엄마가 만드시는 떡볶이는 세상에서 제일 맛있습니다. 친구들 사이에서 아무리 유명하다는 떡볶이집을 가 보더라도 우리 엄마의 떡볶이보다 맛있는 것을 먹어 본 적이 없습니다.

"우식이 너는 좋겠다."

"왜?"

"이렇게 맛있는 떡볶이를 만들어 주시는 어머니도 계시고……."

나는 '대신 잔소리도 많이 들어야 되잖아.' 하고 말하려다가 그만두었습니다. 우리 엄마의 떡볶이가 경환이 마음의 빈자리를 조금이라도 채워줄 수 있었으면 좋겠습니다.

3 엄마의 존재 역량은 돈?

경환이가 가고 나서 엄마와 설거지를 했습니다.

"우식아, 경환이는 공부 잘하니? 예의 바르고 싹싹한 걸 봐서는 우등생일 거 같은데……."

"우리 반에서 나만큼 공부 잘하는 애가 어디 있어요? 경환이는 아마 뒤쪽에서 일등에 더 가까울걸요."

"그래? 그럼 경환이하고 친하게 지내지 마라."

"아까 전에는 경환이 좀 보고 배우라고 하시더니…… 공부 좀 못하는 게 어때서요?"

"공부를 잘하는 친구랑 친하게 지내야 너도 공부를 잘하게 되고, 공부를 잘해야 돈도 많이 벌고 훌륭한 사람이 되는 거야."

요즘 엄마의 말씀에 돈이 등장하지 않는 때가 거의 없습니다. 아빠가 새 차 얘기를 꺼내신 뒤부터 엄마의 단골 메뉴는 돈이 되었습니다.

"다녀왔습니다."

"어, 일찍 들어왔네. 떡볶이 좀 먹을래?"

"아뇨, 점심을 늦게 먹어서 생각 없어요."

나는 이때다 싶어 누나를 따라 자리를 피했습니다. 계속 엄마와 같이 있으면 경환이랑 다시는 놀지 않겠다는 약속을 받아 내실 것 같은 무서운 기분이 들었거든요.

"누나, 어른들은 왜 돈을 저렇게도 좋아하실까?"

"왜? 무슨 일 있었니?"

"요즘 엄마가 만날 돈 얘기만 하시잖아."

"응, 그건 말야. 돈이 어른들의 존재 역량을 강화시켜 준다고 믿기 때문이지."

"존재 역량? 그게 뭔데?"

"스피노자라는 철학자가 주장한 것인데, 자신의 존재를 지속시키려는 힘을 말하는 거야."

"스피노자? 어디서 들어 본 이름 같기도 한데……."

"너 히딩크가 태어난 나라 네덜란드 알지? 스피노자도 1632년 네덜란드에서 태어났어. 스피노자의 조상은 포르투갈과 스페인 등지에서 흩어져 살던 유대인들이었는데, 그들은 박해를 피해 당시 신생 개신교 국가였던 네덜란드로 건너온 사람들이지. 어찌됐든 그들은 이방인들이었기 때문에 안전을 위해 돈이 필요했어. 스피노자는 참다운 삶의 모습을 깨닫지 못한 채 돈의 노예가 되어 모든 노력을 기울이고 심지어는 생명까지 바치는 유대인들을 수없이 많이 봐야만 했지. 스피노자 역시 유산 상속 문제로 누이와 법정 다툼을 벌인 적이 있었대."

"그럼 스피노자도 돈에 욕심이 많았다는 얘기네?"

"그런 건 아니야. 스피노자가 이단의 혐의를 받고 암스테르담 유대인 공동체로부터 파문을 당하자, 누이가 그 틈을 타서 유산을 전부 가로채려고 했거든. 스피노자는 누이에게 무엇이 올바른 것인지 알려 주기 위해서 재판을 했지. 결국 스피노자가 이겼지만 유산 대부분을 누이에게 넘겨주었대."

　갑자기 누나는 책상 서랍을 열어 노트 한 권을 꺼냈습니다. 잠깐 노트를 뒤적이던 누나는 글씨가 빼곡하게 적혀 있는 면을 펼쳐서 읽기 시작했습니다.

　"스피노자는 이렇게 말했대. '세상 사람들이 따르는 것, 즉, 돈, 인기, 쾌락 등은 모두 우리의 존재 유지에 아무런 기여를 하지 못할 뿐만 아니라 오히려 방해가 된다. 그것은 종종 그것을 소유한 사람들을 망치게 하고 항상 그것에 사로잡혀 살게 하는 원인이 된다.' 다시 말해 돈, 인기, 쾌락 등은 모두 존재 유지, 자기 보존에 아무런 도움을 주지 못하기 때문에 헛되고 무익한 것이다 이거지."

　"존재 유지? 자기 보존?"

　"스피노자 윤리학의 중요한 근본 원리인 자기 보존의 원리는 무엇이든 존재하는 것은 자신의 힘이 미치는 한 계속해서 존재하려고 한다는 것이야. 이것을 가리켜 스피노자는 '코나투스'라고 불렀어."

　"그럼 돌이나 책상 같은 것에도 자기 보존의 원리가 적용되는 거야?"

　"오~. 우리 우식이 좋은 질문을 했는데……. 돌이나 책상 역시 자신들의 형태를 유지하면서 계속 존재하려고 하지."

"어차피 돌이나 책상은 만날 봐도 그대로잖아?"

"물론 우리가 짧은 시간 동안 매일 본다면 그렇게 보이겠지만 시간이 아주 많이 흐르면 조금씩 조금씩 변하게 되잖아. 예를 들어, 돌은 계속 깨지고 갈라져서 모래가 되었다가 흙이 되고, 책상은 점점 낡아져 썩기도 하고 어느 순간에는 힘없이 주저앉게 되겠지. 또 외부로부터 큰 충격을 받아서 한순간에 존재가 파괴될 수도 있고."

"세상에 존재하는 모든 것들은 없어지지 않으려고 노력하고 외부로부터 충격을 받지 않으려고 한다는 거지?"

"그렇지! 자, 잠깐만 쉬었다 얘기할까?"

스피노자 강의를 하느라고 목이 말랐는지 누나는 물을 마시러 나갔습니다. 그사이 나는 누나의 노트에 빼곡하게 적힌 것이 무엇인지 살펴보고 있었습니다.

"아얏!"

물컵을 들고 들어오던 누나가 놀라서 다가왔습니다. 노트를 넘기다가 베었는지 두 번째 손가락 끝에 피가 맺혔습니다. 누나는

얼른 뛰어나가 약상자를 찾아서 가져왔습니다.

"상처 때문에 피가 나면 어떻게 해야 하지?"

"누나, 그걸 몰라서 물어? 따가우니까 빨리 약이나 발라 줘."

누나는 빙긋이 웃으면서 약을 바르고 밴드를 붙여 주었습니다. 종이에 벤 상처는 큰 상처가 아닌데도 생각보다 따갑고, 특히 손가락 주변에 생겨서 거치적거리기도 합니다.

"이런 상처는 그냥 놔두어도 얼마 지나지 않아 피가 멈추게 되어 있어. 우리 몸에 상처가 나면 상처 부위의 모세혈관은 수축되고, 피는 응고되어 더 이상 피가 흐르지 않게 되기 때문이지. 뿐만 아니라 피가 멈추면서 상처 부위의 세포 재생 작용이 시작되어 우리 몸이 계속 존재하도록 도와준단다."

"그건 나도 과학 시간에 배워서 알고 있어."

"그래, 그게 바로 자기 보존의 원리인 셈이야. 하지만 만약에 네가 사고를 크게 당해서 피를 너무 많이 흘린다면 죽을 수도 있겠지. 계속해서 존재하려는 성향이나 힘보다 외부로부터 가해지는 파괴적인 힘이 더 크니까."

"누나는 정말 대단해. 이런 상황에서도 이론을 적용시킬 수 있다니……."

"인간은 본능적으로 자신의 존재를 지속시키려는 힘, 즉 자신의 존재 역량을 증대시키기 위해서 노력하고 있어. 그러한 인간의 노력은 의식적으로 행해질 수도 있고, 무의식적으로 행해질 수도 있지. 스피노자는 앞의 것을 욕망, 뒤의 것을 충동이라고 불렀어. 정리하면, 인간은 누구나 자신의 존재 역량을 최대한 증대시키려는 욕망을 갖는다고 할 수 있지."

"그럼 내가 배고플 때 무언가 먹으려고 하는 것도 존재 역량을 증대시키려는 욕망 때문이구나."

"뭐, 그렇다고 보기에는 네가 좀 많이 먹기는 하지만 틀린 말은 아니네."

누나에게 더 하고 싶은 말이 있었지만 엄마가 갑자기 심부름을 시키는 바람에 우리의 대화는 중단되었습니다. 나는 심부름 돈을 받아 들고 구멍가게로 향했습니다. 구멍가게 할머니를 만난 지 오래된 것 같아서 빨리 보고 싶었습니다.

평소에 엄마는 심부름을 잘 시키지 않으십니다. 일주일에 두 번 정도 동네에 있는 할인 마트에서 장을 보시거든요. 엄마가 심부름을 시킬 때는 갑자기 손님이 오셨거나 장을 보면서 깜빡하고 빠뜨린 것이 있을 때입니다. 그럴 때 나는 할인 마트에 가지 않고 할머니네 구멍가게로 갑니다. 엄마는 가까운 할인 마트에 안 가고 왜 구멍가게로 가느냐고 하셨는데, 지금은 내가 구멍가게 할머니를 좋아한다는 것을 알고 으레 그러려니 하십니다.

할인 마트를 돌아 구멍가게로 가는데 누나가 얘기해 준 존재 역량이 떠올랐습니다.

'그렇다면 엄마의 존재 역량은 돈인가? 하지만 스피노자는 돈이 존재 유지에 아무런 기여도 하지 못하는 헛되고 무익한 거라고 했잖아? 에이, 잘 모르겠다. 나중에 누나한테 또 물어 봐야지.'

구멍가게는 늘 그렇듯이 실내가 조금 어둡고, 미숫가루 같은 냄새가 납니다. 구멍가게 할머니는 부뚜막처럼 생긴 낮은 곳에 얇은 담요를 깔고 앉아 계시다가 손님이 미닫이문을 열고 들어오면 고개를 들어 쳐다보십니다. 나는 하루 종일 손님이 드문 구멍가게에 앉아서 무엇을 하실까 궁금했었는데 구멍가게 할머니는 주로 작은 머리핀을 만드셨습니다. 그러다가 무릎이 아프신지 가끔씩 무릎을 콩콩 치시기도 하셨습니다.

"할머니, 안녕하세요?"

"오, 우식이 왔구나. 오늘은 뭘 줄까?"

"마른미역 주세요. 할머니, 오늘도 무릎 많이 아프세요?"

"날이 꾸물꾸물해서 그런지 더 쑤시는 것 같구나. 우리 우식이는 착하기도 하지. 할머니 걱정도 다 해 주고."

"할머니, 제가 다리 좀 주물러 드릴게요. 앉아 보세요."

"아이구, 됐다. 얼른 미역이나 가지고 가거라."

나는 미역 봉지를 주시는 구멍가게 할머니의 손을 부여잡고 억지로 끌다시피 해서 자리에 앉도록 했습니다. 구멍가게 할머니는 그만 됐다고 하시면서도 아주 기뻐하셨습니다. 어릴 적 우리 할머니가 생각이 나서 눈물이 조금 나올 것 같았습니다.

"할머니, 시원하세요?"

"암, 고 녀석. 야무지기도 하지. 아이고, 시원허다.

창조주는 없다, 자연이 곧 신이다

"천사들의 결의와 성인의 판결에 따라 베네딕트 드 스피노자를 저주하고 제명하여 추방한다. (……) 율법서에 있는 모든 저주를 받을 것이다. 밤낮으로 저주받을 것이며, 잠잘 때도 일어날 때에도 저주받을 것이다. (……) 주께서는 그를 결코 용서하지 마옵시고, 주의 노여움과 분노가 이 사람을 향해 불타게 하소서. (……) 어느 누구도 말이나 글로써 그와 교분을 나눠서는 안 될 것이며, 그에게 호의를 보여서도 안 될 것이고, 그와 한 지붕 아래 머물러서도 안 될 것이며, 그의 가까이에 가서도 안 될 것이며, 그가 저술한 책을 읽어서도 안 될 것이다."

무섭죠? 이 글은 스피노자가 유대 교회로부터 파문당할 당시의 파문 선고문 내용입니다. 왜 유대 교회는 이렇게까지 스피노자를 저주하면서 파문시켰던 걸까요?

스피노자는 성서의 하느님, 즉 이 세상에 존재하는 모든 사물을 초월하여 존재하는 자신의 의지로 절대 무의 상태에서 세계를 창조한

전지전능한 신을 인정하지 않았습니다. 그는 유대-기독교적 신은 이성적으로 신을 파악할 능력이 없는 사람들이 상상해서 만든 것이고, 무지의 산물이라고 생각했던 거죠. 따라서 유대 공동체는 스피노자를 위험인물로 간주하고 그를 공동체로에서 추방하지 않을 수 없었던 겁니다.

그 위험한 생각이 잘 정돈되어 담겨 있는 책이 바로 스피노자의 《에티카》입니다. 《에티카》는 전체가 5부로 구성되어 있습니다. 제1부에서 제3부까지는 신, 자연, 인간에 관한 논의들이 다루고 있어요. 제목에 어울리는 윤리적인 내용은 제4부와 제5부입니다. 《에티카》의 목차가 그런 순서로 되어 있는 것은 신과 세계는 어떤 관계에 있고, 그 속에서 나는 어떤 존재인지를 알아야 내가 어떻게 살 것인가라는 윤리적 문제를 다룰 수 있기 때문이에요.

그래서 제1부에서는 '신에 대하여'라는 제목으로 신에 관해 논의하고 있습니다. 물론 여기서 사용하고 있는 '신'이라는 용어는 유대-기독교의 신과는 다르답니다.

스피노자가 생각하는 신은 이 세계를 창조하고 이 세계를 초월하여 존재하는 신이 아니에요. 바로 이 세계에 내재하는 신, 즉 이 세계에 깃들어 있는 신이죠. 유대-기독교의 신은 이 세계 없이도 존재할 수 있지만, 스피노자의 신은 이 세계와 운명을 같이 하는 신이에요. 그

래서 스피노자는 '신과 세계는 구분해 볼 수는 있지만, 결코 분리될 수 없는 하나'라고 생각했어요. 스피노자는 이러한 생각을 "신은 곧 자연"이라는 말로 표현하고 있어요.

물론 그렇다고 자연에 존재하는 사물 하나하나가 바로 신, 그 자체라고는 할 수 없답니다. 스피노자식으로 정확히 말하면, '개별 사물들은 신이 표현된 것'이라고 할 수 있어요. 스피노자는 신이 표현된 것을 "양태"라고 불렀답니다. 양태란 신이 개별 사물로 변화된 모습이에요. 이를테면 여러분 얼굴을 생각해 봅시다. 얼굴은 다양한 표정을 지을 수 있죠? 웃는 표정, 슬픈 표정, 화난 표정 등등. 얼굴에 나타나는 표정은 다양하지만 얼굴 자체는 하나예요. 표정은 얼굴이 스스로를 표현하는 방식이랍니다. 또 여러분이 요즘 종종 사용하는 말들 중에 모드(mode)라는 말이 있죠? 공부 모드, 축구 모드, 게임 모드, 여행 모드, 우울 모드 등등. 모드는 계속 변하면서 다양하게 표현되는 것이라고 할 수 있어요. 즉, 여러분은 하나지만 여러분이 활동하는 방식들은 다양하죠. 마찬가지로 스피노자에 따르면 호랑이, 나무, 돌 등과 같은 개별 사물들, 그 자체가 신은 아니지만 신이 자신을 표현하는 방식이라는 겁니다.

또한 유대-기독교에서 말하는 신은 인간의 믿음과 기도에 응답하는 사람 같은 존재예요. 신은 전능한 존재로서 때로 기적을 만들기도 하지만, 스피노자의 신은 필연적인 인과 법칙에 따라 스스로를 표현할 뿐 그 이상도 그 이하도 아니랍니다. 이렇게 볼 때 유대-기독교의 신은 믿음의 대상이라고 할 수 있어요. 간절히 믿고 기도하면 유대-기독교의 신은 그에 대한 응답으로 은총을 베풀고 기적을 만들어요. 하지만 스피노자의 신은 믿음의 대상이 아니라 이해의 대상이랍니다. 스피노자의 신은 제아무리 간절히 기도해도 응답하지 않습니다. 스피노자에게 있어서 이 세계는 신의 표현물이랍니다. 그리고 이 세계를 지배하는 것은 인과적 법칙에 따른 냉혹한 필연성뿐입니다. 따라서 우리가 해야 할 일은 믿음과 기도가 아니라 필연적인 인과의 법칙을 이해하는 것이에요.

2

존재 역량의 증가와 감소

 음악은 우울한 사람에게는 좋은 것이지만, 슬픈 사람에게는 나쁜 것이며, 귀머거리에게는 좋지도 나쁘지도 않다.

1 먹지 못하는 건 참을 수 없어!

'딩~동, 딩~동.'

학교에서 돌아와 보니 집에는 아무도 없었습니다. 엄마는 동창회나 반상회가 있는 날이 아니면 이 시간에 집을 비우지 않으시는데 오늘은 아무 말씀도 없이 어디에 가셨는지 모르겠습니다.

나는 가방을 내려놓자마자 부엌으로 갔습니다. 학교에서 돌아오면 엄마가 간식을 챙겨 주셨는데 오늘은 내가 직접 찾아서 먹어야 겠네요. 다행히 식탁 위에 빵과 바나나가 있었습니다. 엄마가 집을 비우는 대신 내가 제일 좋아하는 빵을 사 두신 것 같았습니다.

우리 동네 입구에는 맛 좋기로 유명한 '유명한 베이커리'가 있습니다. 길을 지나다니다 보면 멀리서도 고소하고 달콤한 냄새가 나서 저절로 군침이 돕니다. 빵 냄새에 이끌려 가게 안으로 들어가면 여러 가지 모양의 빵들이 형형색색으로 가득합니다. 그중에서도 내가 가장 좋아하는 빵은 윤이 나는 황갈색 빵 속에 생크림이 가득 들어 있는 것입니다. 누나는 빵은 우아하게 먹어야 된다면서 손에 들기 좋게 잘라 커피와 함께 먹지만, 나는 반을 갈라 생크림과 빵을 적절한 비율로 베어 먹는 것을 좋아합니다.

식탁 위의 빵을 반으로 갈라 크게 한입 베어 물고 냉장고를 열어 우유를 찾았습니다. 아직 개봉하지 않은 우유를 들다가 구석에 조금 남은 우유를 발견했습니다.

'이걸 마시고 나서 새로 뜯어야지. 안 그러면 또 엄마가 잔소리 하실 거야.'

누나가 두 끼에 나누어 먹을 만큼의 빵을 한 번에 다 먹고도 뭔가 부족했는지 바나나 껍질을 벗겼습니다. 엄마는 바나나가 과일 특유의 신선함은 부족하지만 값이 싸면서도 배를 채우기에는 그만이라며 무척 좋아하십니다. 그게 다 나를 염두에 두고 하신 말씀이라는 것을 알지만 나는 모르는 척 오늘도 바나나 다섯 개를 후딱 먹어 버렸습니다.

이제 좀 배가 부른 것 같아서 컴퓨터를 켰습니다. 메일 확인도 하고 과학 선생님께서 숙제로 내주신 지구 온난화 현상에 대해서 조사도 했습니다. 지구 온난화 과정을 열심히 읽고 있는데 전화가 왔습니다.

"여보세요, 우식이네 집입니다."

"우식이니? 엄마야. 학교 잘 다녀왔니?"

"네, 엄마. 지금 어디 계세요?"

"응, 아빠가 오랜만에 외식을 하자고 해서 밖에 나왔지. 가기 전에 엄마 친구 가게에 잠깐 들러야 해서……."

"엄마가 집에 안 계셔서 어디 가셨나 걱정했어요."

"그랬어? 너도 얼른 옷 갈아입고 아빠 회사 근처에 있는 '맛나 반점'으로 오렴."

"네, 알겠어요."

오랜만에 외식을 한다면서 중화요리를 먹는 것은 조금 마음에 안 들지만 맛나 반점이라면 그리 싫지는 않습니다. 곧 맛있는 음식을 잔뜩 먹을 수 있다는 생각에 그만 나는 간식을 먹은 것도 잊어버리고 맛나 반점으로 갔습니다.

"자, 그동안 엄마랑 아빠가 좀 다투기는 했지만 아빠의 사랑은 변함없단다. 하하하. 여보, 그간의 싸늘했던 분위기를 짬뽕의 따뜻함으로 녹여 볼까?"

"아빠! 저는 자장면으로 먹을래요. 곱빼기요!"

"아빠, 우리 학교에서 여기까지 얼마나 먼 줄 아세요? 친구가 미팅 가자는 것도 뿌리치고 왔는데 저는 탕수육 먹을래요."

"아싸~, 누나 최고!"

나는 신이 나서 자장면 곱빼기와 탕수육을 맛있게 먹었습니다. 아빠와 엄마도 언제 다투었냐는 듯이 웃으면서 식사를 하셨습니다.

문제는 아빠 회사의 주차장에서 발생했습니다. 아빠는 안쪽에 세워 두신 차로 가는 동안 좌우에 주차된 차들을 정신없이 쳐다보면서 엄마의 심기를 불편하게 한 것입니다. 미처 엄마의 얼굴을 살피지 못한 아빠가 말씀하셨습니다.

"여보, 저 차 어때? 저 차가 박 계장이 이번에 새로 뽑은 차야. 어때? 진짜 멋지지?"

"여보! 여기까지 와서 이럴 거예요? 당신, 차 얘기 꺼내려고 일

부러 외식하자고 한 거죠?"

"아니, 그게 아니라……"

"됐어요. 빨리 집에나 가요."

집으로 가는 내내 차 안은 말할 수 없이 냉랭했습니다. 누나는 개미 기어가는 듯한 목소리로 속삭였습니다.

"차라리 미팅에 나갈걸 그랬어."

"누나도 참."

나도 개미 기어가는 듯한 목소리로 대답했습니다.

나는 집에 들어와서 누나와 텔레비전을 보았습니다. 엄마와 아빠는 안방에서 2차전을 하시는 모양이었는데 무슨 말씀을 나누는지는 들리지 않았습니다.

텔레비전을 보기 시작하면서 배가 조금 아팠던 것이 시간이 지나자 점점 심해지는 것 같았습니다. 가끔 과식을 해서 배가 아프기는 했지만 시간이 지나면 괜찮아지거나 소화제를 먹으면 곧 나았기 때문에 크게 신경을 쓰지는 않았습니다. 그런데 이번 복통은 평소와 조금 다른 것 같았습니다.

"누나, 나 배가 너무 아파."

"기껏 맛있는 거 먹고 엄마 아빠의 냉랭한 분위기 속에서 집에 왔으니 소화가 안 되는 게 당연하지. 나도 배가 살살 아픈 것 같네."

"누나, 농담이 아니라 진짜로……."

식은땀이 나고 머리가 빙글빙글 도는 것 같더니 아무 생각도 나지 않았습니다. 내가 다시 눈을 떴을 때는 이미 날이 밝은 것 같았습니다. 내 손을 꼭 잡고 걱정스러운 눈빛으로 나를 바라보고 계시는 엄마가 눈에 들어왔습니다.

"엄마, 영화에서 보면 이럴 때 '여기가 어디예요?' 하는데 난 단번에 병실인 걸 알겠어요."

"녀석, 갑자기 쓰러져서 온 집안 식구들을 다 놀라게 하더니 일어나자마자 농담부터 하기는……."

"근데 저는 대체 무슨 병에 걸렸대요?"

"과식으로 인한 급체와 식중독."

"참 병명이 사람 민망하게 하네. 하다못해 맹장염 정도면 좋잖아?"

"하여튼 우리 우식이 먹성은 알아줘야 해. 식탁 위의 빵이랑 바나나를 다 먹고 자장면에 탕수육까지 그렇게 먹었던 거야? 그리고 냉장고 구석에 있는 우유는 왜 먹었니? 그거 유통 기한이 한참 지난 건데⋯⋯."

"유통 기한이 지난 우유란 걸 알면서 왜 냉장고에 넣어 두셨어요? 괜히 저만 탈 났잖아요."

"엄마 마사지 좀 하려고 그랬지. 유통 기한을 잘 보고 먹어야지 무턱 대고 입에 넣고 보니까 탈나는 거 아냐. 너 당분간은 금식해야 하니까 그런 줄 알고 있어라."

금식! 세상에서 가장 무서운 말입니다. 아무리 험악한 괴물이 나오고 피가 낭자한 공포 영화도 금식보다 무섭지는 않습니다.

2 식탐은 존재 역량의 감소 요인

오후가 되자 누나가 쇼핑백을 하나 들고 문병을 왔습니다. 나는 쇼핑백 안에 먹을 것이 잔뜩 들어 있을 거라고 상상하면서 누나를 반갑게 맞이했습니다.

"어서 와 누나."

"너는 어쩜 무식하게 기절할 정도로 음식을 먹어 대니?"

"무식하게 먹다니? 의사 선생님이 식중독이라고 하셨어. 그래도 내 생각해 주는 사람은 누나밖에 없네. 그거 나 먹으라고 가져온 거야?"

"병원에 입원해서도 먹는 거 타령이냐? 너 심심할까 봐 만화책 빌려 왔다."

"아무튼 고마워. 만화책을 뜯어 먹게 될까 봐 걱정되기는 하지만 할 일이 없어서 심심하기도 해."

"너의 그 식탐이 병이야. 스피노자는 인간이 자신의 감정을 다스리지 못하는 것을 병이라고 생각했어. 자기 보존에 도움이 되지 않잖아."

"어제는 내가 배고플 때 무언가 먹으려고 하는 것은 존재 역량을 높이기 위한 거라고 했잖아."

"지나치게 많이 먹는다는 게 문제지. 잘 들어 봐. 인간은 자신의 존재 역량을 증대시키려고 노력한다는 거 기억나지? 그렇다면 존재 역량이 증가되었는지 어떻게 알 수 있을까? 그건 기쁨과 슬픔의 감정으로 확인해 볼 수 있어.

기쁨이란 우리의 존재 역량이 증가되었을 때 갖게 되는 감정이고, 슬픔은 우리의 존재 역량이 감소되었을 때 갖게 되는 감정이야. 즉, 우리가 어떤 외부 대상과 마주치고서 기쁨을 느낀다면 우리의 존재 역량이 증가되었음을 의미하고, 반대로 슬픔을 느낀다면 우리의 존재 역량이 감소했음을 의미하는 거지."

"하지만 나는 음식을 먹을 때 기쁨을 느끼는걸."

"지금은 음식을 못 먹게 돼서 슬픔을 느끼잖아. 존재 역량을 증가시키는 것은 생각보다 쉬운 것은 아니야. 우리는 신이 아니기 때문에 우리가 원하든 원하지 않든 간에 외부의 영향을 받을 수밖에 없고, 그 영향에 따라서 존재 역량의 증가와 감소를 경험할 수밖에 없어. 우리는 늘 존재 역량의 증가를 간절히 바라지만 우리를 기쁘게 하는 것들만 만나면서 살 수는 없다는 거지. 예를 들어 감기에 걸린 사람을 생각해 보자. 감기에 걸리고 싶어서 걸리는 사람이 있을까?"

"당연히 없겠지. 누가 감기에 걸리고 싶겠어?"

"그렇겠지? 하지만 감기에 걸렸다는 것은 감기 바이러스와 마주치게 되었고, 그 바이러스로부터 영향을 받았다는 걸 의미해. 그래서 열이 나고, 머리도 아프고, 재채기에 콧물까지 흘리면서 존재 역량의 감소를 경험하겠지. 그 사람의 의도와는 전혀 상관없이 말이야."

"내가 식중독이랑 맞닥뜨린 것처럼?"

"그래 맞아. 그렇다면 우리는 언제든지 우리를 압도할 수 있는 외부 대상들에 무방비로 노출된 채로, 그들과 마주치지 않기만을

바라면서 살아갈 수밖에 없는 것일까?"

"음, 내 생각에는 식사를 거르지 말고 잠을 잘 자고 휴식을 충분히 취하면 될 것 같은데…… 그러면 적어도 감기 바이러스 정도는 막을 수 있지 않을까? 하하하."

"좋은 생각이야. 스피노자도 그렇게 생각했어. 인간이 존재 역량을 증가시키기 위해 선택할 수 있는 전략으로 원기를 북돋우는 것들을 가능한 많이 즐기면서 신체를 건강하게 유지하는 것을 주장했지.

또 스피노자는 감기 바이러스에 대한 항체를 갖도록 예방 주사를 맞는다든가, 감기에 걸려도 곧 회복할 수 있게끔 의학을 발전시키는 것도 중요하다고 생각했어."

"하하하. 알면 알수록 스피노자는 참 재미있는 사람인 것 같아. 참, 궁금한 게 있는데, 스피노자는 돈이 존재 역량을 높이는 데 아무런 기여도 못하는 헛되고 무익한 것이라고 했잖아. 그러면 돈은 무조건 나쁘기만 한 거야? 사람들은 돈으로 필요한 것을 사고, 하고 싶은 것을 하면서 기쁨을 느끼잖아."

"그건 우리의 존재 역량을 증대시키는 것이 쉽지 않은 또 다른 이유 때문이야. 어떤 대상이 단순하게 우리를 기쁘게만 하거나 슬프게만 할 수도 있지만 처음에는 우리를 기쁘게 하는 것 같아서 선택한 것이 나중에는 우리를 슬프게 하는 경우도 있고, 처음에는 우리를 슬프게 하는 것 같지만 결국에는 우리를 기쁘게 하는 경우도 있어."

"내가 음식을 먹었을 때 기쁨을 느꼈지만 계속 먹다가 나중에는 복통을 일으켜서 슬픔을 느끼게 되는 것처럼 말이야? 뭐 그렇게 따지면 식탐이 존재 역량을 감소시키는 것 같기도 하네."

"돈도 마찬가지지. 사람들은 원하는 것을 얻을 때 기쁨을 느끼게 되고, 원하는 것을 얻기 위해서 돈이 필요한 경우가 대부분이야. 돈이 많으면 많을수록 원하는 것을 많이 살 수 있을 것이고, 원하는 것을 많이 살 수 있으니까 기쁨도 커지게 되겠지. 그렇기 때문에 사람들은 돈을 좋아하고 사랑하게 되는 거지.

따라서 사람들이 돈을 사랑하고 돈을 벌기 위해서 노력하는 것은 자연스러운 일이라고 할 수 있어. 오히려 자신에게 기쁨을 주는 것을 멀리하는 것이 자연스럽지 못하다고 할 수 있겠지.

그러나 돈에 대한 과도한 사랑은 음식과 달리 그 부작용이 곧바로 나타나지도 않고 알아보기도 어려워. 음식은 과도하게 먹으면 배탈이 나지만 돈은 가지면 가질수록 더 가지고 싶고, 그만큼 기뺌도 계속해서 늘어난다고 생각하기 때문에 돈에 대한 사랑은 끝없이 이어지지. 돈에 대한 사랑은 중독성이 아주 강해.

　사람들은 처음에는 행복하게 살기 위해서 돈을 벌려고 하지만 돈에 대한 사랑이 집착으로 변하면 결국 돈이 수단이 아니라 목적이 되어 돈에 끌려 다닐 수밖에 없게 돼. 돈의 노예가 되어 건강도 잃고, 소중한 사람도 잃고, 심지어는 생명까지 잃게 되는 거지.

　그렇다고 스피노자가 돈이나 재물을 모두 부정적으로 생각했던 것만은 아니야. 스피노자는 돈에 관한 한 생명과 건강을 유지하고, 나라의 관습을 존중하는 일에 필요한 정도만 추구하라고 말했어. 그래서 스피노자는 안경 렌즈를 세공하는 일을 생계 수단으로 삼아 꼭 필요한 정도만큼만 벌면서 상당히 검소한 생활을 했던 것으로 알려져 있어.”

　나는 갑자기 엄마가 걱정되기 시작했습니다. 이제는 스피노자가 왜 돈이 헛되고 무익하다고 했는지 알게 되었기 때문입니다. 엄마가 매일 돈에 대해 생각하시면서 존재 역량을 감소시키고 계신 건 아닌가 싶었습니다.

　“어! 벌써 시간이 이렇게 됐나? 누나가 오늘 동아리 모임이 있어서 그만 가 봐야겠다.”

"아픈 사람을 병실에 혼자 두고 그냥 가기야?"

"곧 엄마가 오실 거야. 어찌 됐든 우리가 할 수 있는 최선의 일은 우리의 신체를 건강하게 유지하면서 지금 당장 우리를 기쁘게 하는 것보다는 미래에 엄청난 기쁨을 안겨 줄 거라고 생각되는 것을 선택하고 행하려는 노력이야. 알겠니? 아우야, 그러니까 뭔가 몰래 먹다가 걸리지나 말고, 잘 굶고 있어라."

누나가 가고 병실에 혼자 있으려니까 허기가 더 심하게 느껴지는 것 같았습니다. 누나와 얘기를 나누고 있었을 때는 스피노자에 빠져 몰랐지만, 한참 동안 말을 했기 때문에 에너지를 많이 소비하기도 했지요. 정말 먹을 것이 눈앞에 있었다면 금식이라는 걸 까맣게 잊고 허겁지겁 입 안에 넣을 뻔했습니다. 다행인지 불행인지 엄마는 내 생각과 행동을 어쩌면 그렇게 제대로 예측하셨는지, 음료수 하나도 병실에 남겨 놓지 않으셨습니다.

나는 배고픔을 잊기 위해서 만화책에 몰두하기로 했습니다. 누나가 가져온 쇼핑백 안에서 만화책 한 권을 집어 들었습니다. 하지만 몇 장을 넘기지도 못하고 만화책을 덮어야 했습니다.

'금식하고 있는 동생한테 요리 만화를 보라고 주는 누나가 어디 있냐? 정말 우리 누나는 대단해.'

3 지나친 사랑도 존재 역량의 감소 요인

밤이 되었습니다. 하루 종일 누워 있어서 그런지 피곤하지도 않고, 무엇보다도 배가 고파서 잠이 오지 않았습니다. 간이침대에 누워 계시는 엄마는 벌써 잠이 드셨는지 쌔근쌔근 숨소리가 들렸습니다.

나는 이리 뒤척, 저리 뒤척거리다가 양을 세기로 했습니다. 양 한 마리, 양 두 마리, 양 세 마리, 양 네 마리…… 양을 129마리나 세었는데도 여전히 잠은 오지 않았습니다. 이번에는 양을 거꾸로 세기로 했습니다. 텔레비전에서 양을 거꾸로 세다 보면 어느 순간에 개수가 헷갈리면서 잠이 들게 된다는 얘기를 들었던 기억이 있습니다. 양 백 마리, 양 아흔아홉 마리, 양 아흔여덟 마리 ……양 두 마리, 양 한 마리. 양을 다 세었는데도 아직도 잠이 오지 않았습니다. 마치 내가 알퐁스 도데의 〈별〉에 나오는 주인공이 된 듯한 기분이었습니다. 나는 몸이 뻐근해서 일어나고 싶었지만 침대가 삐거덕거려서 엄마가 깨실까 봐 움직이지도 못하고 있었습니다. 문득 병원 침대에 꼼짝도 못하고 누워 계시던 할머니 생각이 났습니다.

할머니가 응급실로 실려 가시던 날, 나는 친구 집에서 게임을 하느라고 정신이 없었습니다. 그 당시 친구들 사이에서는 격투기 게임이 한창 인기가 있었습니다. 다양한 캐릭터들 중에서 마음에 드는 캐릭터를 골라 그만의 기술을 익히고, 상대방과 겨뤄서 이기는 컴퓨터 게임이었습니다. 할머니 집에는 컴퓨터가 없었기 때문에 나는 격투기 게임을 잘하지 못했습니다. 그날 같이 게임을 했던 친구는 동네에서 가장 격투기 게임을 잘했기 때문에 친구들이 무척 부러워하던 친구였습니다. 그런데 그 친구가 유독 나에게만 여러 가지 기술을 알려 주었고, 자기 집에서 게임을 시켜 주겠다고 하니, 나는 다른 생각을 할 겨를이 없었습니다.

겨우 게임의 유혹에서 벗어나 집으로 돌아오는데 집 앞에서 누나가 안절부절못하고 서 있었습니다.

"왜 이제 와? 할머니 병원에 가셨단 말이야."

"병원에는 왜? 어디 아프셔?"

"나도 잘 몰라. 빨리 가 보자."

나는 중학생이었던 누나 손에 이끌려서 병원에 갔습니다. 응급실에서 병실로 빨리 옮겼기 때문에 할머니가 계신 곳을 쉽게 찾을 수 있었습니다. 병실에는 아빠가 먼저 와 계셨습니다. 나는 그때 어린 나이였지만 뭔가 내가 큰 잘못을 했다는 생각이 들었습니다. 아빠가 혼내신 것도 아니고 누나가 타박한 것도 아닌데 할머니의 얼굴을 보고는 그만 울음을 터뜨렸습니다.

며칠 뒤에 할머니는 퇴원하게 되었고, 나는 엄마에게 다음부터 말썽 부리지 않겠다고 단단히 약속한 뒤에 할머니를 따라 집으로 돌아왔습니다. 할머니는 며칠 사이 눈에 띄게 수척해지셨지만, 내 간식을 챙겨 주시고 옷가지들을 세탁해서 정돈해 주셨습니다. 나는 되도록 옷에 흙먼지를 묻히지 않으려고 조심하였고, 땀이 나게 뛰어다니지도 않았습니다. 하지만 간식만은 사양하지 않고 잘 먹었습니다. 원래부터 먹는 것을 좋아하기도 했지만 간식을 맛있게 먹는 모습을 보고 즐거워하시는 할머니 표정이 보고 싶었기 때문입니다.

얼마 후 할머니는 다시 입원을 하셨습니다. 아마도 할머니가 위암에 걸렸다는 검사 결과가 나왔기 때문이었겠지요. 입원을 하기 전에는 끙끙 앓기는 하셨어도 곧 숨이 넘어갈 것처럼 괴로워하지는 않으셨습니다. 매일 주사를 맞고 약을 먹는데도 할머니의 병은 나을 기미가 보이지 않았습니다. 할머니 손이 고목나무 껍질 같아서 할머니가 이대로 굳어 버리면 어떻게 하나 걱정이 되었습니다.

나는 간이침대에 앉아 할머니를 바라보면서 생각하고 또 생각했습니다.

'내 잘못이야. 나만 아니었으면 다치지 않으셨을 텐데…… 내가 안마기만 사 드렸더라면 다시 입원하지 않으셨을 텐데…… 병원에는 왜 안마기가 없을까? 할머니에게는 안마기가 정말 필요해. 의사 선생님께 말씀드려 볼까?'

나는 위암이 어떤 병인지 몰랐기 때문에 할머니가 저렇게 되신 것이 순전히 나 때문이라고 생각했습니다.

결국 할머니는 곤한 낮잠에서 깨어나지 못하셨고, 할머니가 돌아가신 뒤 한동안 나는 아무것도 먹지 못했습니다. 가족들과 친척들은 그런 나를 걱정해 주시며 혹 병이라도 날까 노심초사하였습니다. 며칠이 지나자 나는 원래의 먹성을 회복하고 오히려 전보다 더 많이 먹게 되었습니다. 기분이 좋을 때도 먹고, 다른 사람에게 미안할 때도 먹고, 걱정거리가 생겼을 때도 먹었습니다. 오랫동안 굶다가 먹어서 그런지 몇 번 체하기도 했지만 그보다는 끊임없이 먹을 것을 마련해야 하는 엄마가 더 큰 고생을 하였습니다. 정말 살이 안 찌는 게 신기하다고 엄마는 투덜거리기도 하셨습니다.

어느 날 엄마가 요리를 하시다가 부침 가루가 떨어졌다고 해서 나는 황급히 심부름을 갔습니다. 그러나 좀 멍하게 생각 없이 걷다 보니 그만 마트를 지나치게 되었고, 앞쪽에 있는 구멍가게 하나를 보게 되었습니다. 우리 동네에 저런 가게가 있나 싶어서 구멍가게의 문을 열었습니다. 가게 구석에 할머니 한 분이 앉아 계시더니 내가 가게 안으로 들어서자 무릎을 몇 번 치시며 자리에서 일어나셨습니다. 나는 부침 가루를 달라고 하면서 구멍가게 할머니를 바라보았습니다. 할머니는 부침 가루를 찾아서 걸음을 옮기셨는데 다리 한쪽을 살짝 절면서 걸으시는 모습을 보면서 꼭 우리 할머니와 같다는 생각이 들었습니다.

엄마의 심부름이 아니더라도 나는 가끔 구멍가게에 가서 할머니와 이야기를 나누기도 하고, 할머니의 다리를 주물러 드리기도 했습니다. 나는 구멍가게 할머니가 정말 좋았습니다. 할머니도 나를 몹시 귀여워해 주셨습니다. 그럴 때마다 나는 종종 돌아가신 할머니를 떠올렸고, 구멍가게 할머니께는 꼭 안마기를 사 드려야겠다고 다짐했습니다. 그렇게 할머니에 대한 미안함과 안마기에 대한 집착은 내 머릿속을 채우고 있었습니다.

얼마나 오랫동안 할머니 생각을 했는지 꿈에서조차 할머니의 모습이 나타나기도 하였습니다. 내가 안마기를 품에 안고 정신없이 병실로 뛰어 들어갔지만 이미 할머니는 돌아가신 뒤였습니다. 엄마, 아빠, 누나가 할머니 곁에서 흐느껴 울다가 나를 향해 고개를 돌려 비난의 눈길로 바라보는 거였습니다. 나는 순간 너무 놀라서 잠에서 깨어났습니다.

'아무래도 내가 할머니 생각을 지나치게 하고 있는 건 아닐까?'

악몽을 꾼 뒤, 놀란 가슴을 진정시키고 있는데 누나가 병실 문을 열고 들어왔습니다.

"얼굴색이 왜 그래? 하루 굶었다고 그렇게 된 거야?"

"아니야, 어제 잠을 좀 못 잤어."

"병실이 낯설어서 잠을 설쳤구나."

"아니, 할머니 생각이 나서."

"할머니 생각? 너도 적당히 좀 해라. 너, 할머니를 지나치게 사랑하는 건 나쁜 거야. 할머니께서 네 걱정에 편히 쉬시겠니?"

"할머니를 사랑하는 게 뭐가 나빠? 사랑은 넘치면 넘칠수록 좋은 거라고."

"스피노자에 대해 배우고서도 그런 말을 하다니…… 스피노자는 우리를 기쁘게 하는 것을 선(좋은 것), 우리를 슬프게 하는 것을 악(나쁜 것)이라고 불렀어. 즉, 우리의 존재 역량을 증대시키는 것은 선이고, 존재 역량을 감소시키는 것은 악이라는 거지. 우리가 어떤 것을 대했을 때 기쁨이나 슬픔의 감정을 지각했다면 그것은 선이나 악이라고 할 수 있기 때문에 선과 악은 우리의 감정과 밀접하게 연관되어 있어.

그러나 감정은 중요한 것이고, 인간이 본질적으로 감정의 동물이라고 해서 우리가 감정에만 의존하여 존재 역량을 높일 수는 없어. 우리의 감정은 기쁨이든 슬픔이든 그 위력이 대단해서 우리가

그것으로부터 빠져나오기가 매우 어렵기 때문이야.

　존재 역량의 증가를 기쁨으로 알 수 있다고 했지? 그런데 기쁨을 맛 본 사람은 기쁨을 주는 대상에 대해 사랑이라는 감정을 갖게 되고 그 대상과 계속해서 만나려고 하지. 문제는 기쁨을 주는 대상에 대한 사랑이 과도해졌을 때야. 사랑의 힘은 매우 커서 기쁨을 주는 대상에 집착하도록 만들기도 하거든. 이러한 맹목적 사랑과 집착은 우리의 존재 역량을 증대시켜 주기보다는 오히려 우리의 존재 역량을 감소시키는 경우가 더 많아.

　네가 그렇게 할머니에 대해서 집착하면 할머니와 있었던 추억들을 떠올리면서 기뻐하기보다는 할머니에 대한 미안함으로 슬픔을 느끼게 되고, 오늘처럼 잠도 제대로 못 자서 중환자 같은 얼굴을 하게 되는 거라고."

"하긴, 어제는 악몽까지 꿨다니까."

"처음에는 너의 존재 역량을 강화시켜 주던 할머니에 대한 사랑이 점점 과도해지면서 너를 슬픔으로 몰고 가는 거야. 그건 진정으로 할머니를 사랑하는 게 아니지. 네가 그렇게 슬퍼하고 있다는 걸 아시면 할머니가 얼마나 속상하시겠니? 자, 어떻게 하면 너의 병이 나을지 한번 읽어 봐."

누나는 전에 내게 보여 주었던 노트를 가방 속에서 꺼내어 직접 펼쳐 주었습니다. 나는 누나가 가리키는 부분을 조용히 읽어 보았습니다.

"스피노자는 이렇게 말했다. 사물들을 이용하여 그것들을 가능한 한 즐기는 것은 현명하게 살아가는 자에게 적합하다. 알맞게 요리된 맛 좋은 음식과 기분 좋은 향료, 달콤한 향기, 푸른 식물의 아름다움, 장식, 음악, 운동 경기, 연극, 그리고 다른 사람들을 해치지 않고 각자가 이용할 수 있는 이와 같은 종류의 것으로 자신을 상쾌하게 하며 원기를 북돋우는 것은 현명하게 살아가는 자에게 어울린다.

그리고 슬픔은 기쁨과 달리 그 자체로 악이다. 왜냐하면 모든 종류의 슬픔은 우리의 존재 역량을 감소시키기 때문이다.

따라서 우리는 우리를 슬프게 하는 것을 미워하고 증오한다. 슬픔은 증오를 낳고, 증오는 더 큰 슬픔을 낳고, 그 슬픔은 다시 더 큰 증오를 낳는다. 이런 것이 계속될 경우 우리는 결국 슬픔에 휩싸여 슬픔으로부터 빠져나오지 못하게 되고 존재 역량을 지속적으로 감소시키게 된다."

"이제 잘 알겠지? 네가 할머니에 대해서 집착하면 할수록, 슬퍼하면 할수록 너의 존재 역량은 감소되고 결국 슬픔에 휩싸여 빠져나올 수 없게 될 거야. 그러니까 할머니와의 좋은 기억들만 간직하면서 기쁘고 행복하게 지내는 모습을 보여 드려."

누나의 말에 나는 고개를 끄덕이기는 했지만 내가 할머니에 대한 죄송스러운 마음을 떨쳐 낼 수 있을지는 장담할 수가 없었습니다. 하지만 앞으로 할머니를 생각하면서 슬퍼하기보다는 기쁘고 행복하게 지낼 수 있도록 노력할 것입니다.

"그런데 누나. 동생의 존재 역량이 줄어들까 봐 걱정하면서 어떻게 요리 만화를 빌려다 줄 수가 있어?"

존재하는 모든 것은 계속해서 존재하려고 한다

스피노자는 순수하게 이론적인 관심에서 철학을 했던 철학자가 아닙니다. 그는 어떻게 사는 것이 바람직한가라는 실천적 관심에서. 철학을 했던 철학자예요. 그의 대표적인 저서의 제목이 《에티카》(윤리학)인 것도 이 때문이지요.

스피노자 윤리학의 근본 원리는 '코나투스' 입니다. 코나투스라는 말이 낯설죠? 코나투스란 각각의 사물이 자신의 존재를 지속하려는 성향이라고 할 수 있어요. 앞서 모든 사물들은 신의 표현이라고 했었죠? 모든 사물들 속에 깃들어 있는 신의 힘이 바로 코나투스로 표현되고 있는 것이에요. 따라서 모든 사물은 코나투스를 가지게 됩니다. 따라서 코나투스를 가지고 있다는 것은 원초적으로 자신의 존재를 지속하려는 성향을 가지고 있다는 뜻이랍니다.

스피노자식으로 이야기하자면 돌은 신이 변화한 모습이고, 자신의 형태를 유지하면서 계속 존재하려고 해요. 물론 계속해서 존재하려고 한다고 해서, 돌이 없어지지 않는다는 말은 아니에요. '없어지지

않는다'와 '없어지지 않으려고 한다'는 것은 다르니까요. 이 세상에 존재하는 것들 중 없어지지 않는 것은 없답니다. 이 세상에 존재하는 것은 모두 없어지지 않으려 해도 결국에는 없어지고 맙니다.

그럼 언제 없어지나요? 돌을 한번 생각해 보죠. 코나투스가 작동하는 한, 돌은 스스로 없어지지 않아요. 스스로 부서지거나 사라지는 돌은 없잖아요. 돌이 파괴되어 사라지는 것은 외부로부터 어떤 힘을 받았을 때라고 할 수 있어요. 스피노자식으로 표현하면, 돌이 파괴되어 사라지는 것은 돌이 가지고 있는 파괴되지 않으려고 계속해서 존재하려는 힘보다 더 큰 외부의 힘(중력이든 풍력이든 망치로 내려치는 인위적인 힘이든)이 가해졌을 때라고 할 수 있답니다.

인간도 신의 변화된 모습이자 표현이기 때문에 예외일 수 없어요. 인간도 본성상 다른 모든 존재하는 것들과 마찬가지로 자신의 존재를 지속시키고자 합니다. 즉 존재하려는 자신의 힘, 자신의 존재 역량을 증대시키기 위해 노력하는 것이죠. 그러한 인간의 노력은 의식되지 않은 상태에서 행해질 수도 있고 의식적으로 행해질 수도 있어요. 앞의 것을 스피노자는 '충동'이라고 부르고, 뒤의 것을 '욕망'이라고 부릅니다. 이를테면 인간은 누구나 자신의 존재를 보존하고 살아가는 데 필요한 에너지를 최대한 증대시키려는 의식적 충동, 즉 욕망을 갖고 있다고 할 수 있답니다.

인간을 포함한 모든 사물의 본질이 코나투스이듯, 충동 혹은 욕망이라는 스피노자의 주장은 인간 역시 자연의 일부라는 것을 함축하고 있어요. 이것은 인간이 다른 존재들과 질적으로 다르다는 점을 강조하고, 자연과 인간을 대비시키는 인간 중심적 사고에 대해 스피노자가 반대하고 있음을 보여 주고 있는 것이기도 해요.

어쨌든 인간은 본질적으로 충동이나 욕망을 가지고 살아갈 수밖에 없답니다. 그런데 그러한 충동이나 욕망이 때로는 충족되기도 하고 그렇지 못할 수도 있어요. 충동이나 욕망이 충족될 때 나타나는 감정이 '기쁨'이고, 그렇지 못할 때 나타나는 감정이 '슬픔'이랍니다. 다시 말하면, 기쁨이란 우리의 존재 역량이 증대되었을 때 갖게 되는 감정이고, 슬픔은 반대로 존재 역량이 감소되었을 때 갖게 되는 감정이라고 할 수 있어요.

스피노자는 선과 악의 개념도 기쁨과 슬픔이라는 감정을 기초로 설명하고 있어요. 스피노자가 선하다거나 악하다 혹은 좋다거나 나쁘다고 말할 때 기준은 단 하나예요. 우리를 기쁘게 하는 것, 즉 존재 역량을 증가시키는 것은 좋은 것이고 우리를 슬프게 하는 것, 즉 존재 역량을 감소시키는 것은 나쁜 것이에요. 이렇게 본다면 그 자체로 좋거나 나쁜 것은 없답니다. 같은 사물이라도 사람과 상황에 따라 좋은 것이 되기도 하고 나쁜 것이 되기도 해요. 스피노자는 다음과 같

이 말하고 있답니다.

"음악은 우울한 사람에게는 좋은 것이지만, 슬픈 사람에게는 나쁜 것이며, 귀머거리에게는 좋지도 나쁘지도 않다."

3

마음 다스리기

 정신이 적합한 인식을 가질 때 정신은 정신 자체와 정신의 활동 능력을
인식하고 그것에 의해서 기쁨을 느낀다.

                     − 오영환, 《화이트헤드의 유기체 철학》 중에서

1 우리가 집착하는 것들

퇴원 후, 나는 경환이와 동물원에 갔습니다. 경환이가 퇴원 기념으로 맛있는 것도 사 주고 좋은 구경도 시켜 줄 테니 동물원에 같이 가자고 불러낸 것입니다.

엄마는 퇴원한 지 얼마 안 되었으니까 집에서 푹 쉬라고 하셨지만 그동안 병실에 누워만 있어서 좀이 쑤셨기 때문에 꼭 가고 싶다고 졸랐습니다. 오래간만에 외출 준비로 들떠 있는데 누나가 한마디 거들었습니다.

"쟤 동물원 가서 동물 먹이 뺏어 먹다가 다시 입원하는 거 아냐? 닭고기 얻어먹겠다고 사자 우리 넘어가고 그러지 마라."

"내가 사자한테 잡아먹힐 일 있어? 그리고 난 생식은 별로야."

주말이라서 동물원에는 사람들이 꽤 많이 있었습니다. 날씨도 화창해서 산책하기에 정말 좋은 날이었습니다. 병실에서 보는 하늘은 아무리 맑고 파랗다 해도 현실감이 없었는데, 밖에 나와서 하늘을 보니까 '내가 진짜 살아 있구나' 하는 생각이 들었습니다.

입구에서 한참 걸어가자 매점과 화장실이 보였습니다. 사람들이 원숭이나 사슴 먹이 등을 사려고 모여 있었습니다. 동물원에서 사람들이 먹이를 너무 많이 주는 게 문제라는 신문 기사가 떠올라서 우리는 그냥 지나치기로 했습니다.

"야~하, 날씨도 좋고 기분도 좋다. 근데 경환아, 왜 하필이면 동물원이냐?"

"나 동물원 엄청 좋아해. 시험 때가 아니면 거의 일주일에 한 번씩 오는걸. 방학 때는 한동안 매일 온 적도 있었어."

"그래? 난 네가 그렇게 동물원을 좋아하는지 몰랐어."

"그동안 나 혼자 왔으니까 그렇지. 남자 애들은 동물원을 별로 안 좋아하잖아. 유치하다고."

"뭐 그렇기도 하지만 혼자 오면 심심하잖아."

"엄마 생각하느라고 심심하진 않았어. 주로 엄마가 보고 싶을 때 오거든. 엄마가 동물원을 좋아하셔서 내가 어렸을 때 자주 왔었지."

나도 어렸을 때 몇 번 동물원에 온 적이 있지만 할머니와 살게 되면서부터는 한 번도 온 적이 없어서 기억이 잘 나지는 않았습니다. 하지만 이곳에 온 사람들을 보니 가족들과 동물원에 오는 게 어떤 느낌일지 짐작이 되고도 남았습니다. 유모차를 밀고 가는 아저씨와 아줌마, 한 손은 엄마의 손을 꼭 쥐고 다른 손에는 풍선을 들고 가는 꼬마 아이, 목말을 태우고 가는 아저씨…… 이렇게 다정한 가족들을 보면서 엄마를 그리워했을 경환이를 생각하니 가슴이 찡해졌습니다.

동물 우리 사이의 길은 꽤 넓었지만 사람들이 주로 몰리는 쪽은 지나가기가 아주 어려웠습니다. 우리는 동물들을 훑어보면서 천천히 걸어갔습니다.

"우식아, 어떤 동물을 제일 좋아해?"

"나? 나는 호랑이랑 기린."

"왜 호랑이랑 기린을 좋아하는데?"

"호랑이는 날쌔고 용감하잖아. 몸에 있는 무늬도 멋지고…….
기린은 길쭉하고 특이하게 생겨서 좋아. 나는 이다음에 꼭 기린처
럼 늘씬한 사람이 될 거야."

"네가 기린처럼 늘씬하게 될 수 있을지는 모르겠지만 큰 눈을 바
보스럽게 껌뻑이는 건 비슷하게 보이겠다. 하하하."

"야, 너 무슨 말을 그렇게 하냐? 내가 나중에 늘씬하게 자라서
모델이라도 되면 아는 척이라도 해 주나 봐라. 그러는 너는 어떤
동물이 제일 좋은데?"

"나는 원숭이가 제일 좋아. 텔레비전에서 봤는데 원숭이들은 새
끼를 자주 업거나 안고 다니면서 생활을 한대. 특히 일본원숭이는
모성애가 강해서 새끼가 죽었을 때도 그냥 버리지 않고 한동안 새
끼를 안고 다닌대. 그래서 동양에서는 원숭이를 모성애의 상징이
라고도 한다나 봐."

때마침 우리는 원숭이 우리를 지나고 있었기 때문에 걸음을 멈
추고 우리 안을 열심히 들여다보았습니다. 원숭이 우리 앞에 붙어
있는 팻말에는 이런 내용이 적혀 있었습니다.

'다람쥐원숭이. 감는꼬리원숭이과의 포유류. 중앙아메리카의 아

마존 강 일대와 볼리비아에 분포. 주로 나무 위나 강가의 숲에 서식하며 청서원숭이라고도 한다. 몸길이는 암컷이 약 23~29.5cm이고 수컷이 약 25~37cm이며, 꼬리 길이는 암컷이 약 37~44.5cm이고 수컷이 약 37~46.5cm이다. 몸의 빛깔은 황갈색에 검은색이 섞여 있고 얼굴은 담색이며 입 주위는 검은색이다.'

나는 경환이가 원숭이를 좋아하는 덕분에 다람쥐원숭이에 대해서 조금 더 알게 되었지만 차라리 경환이가 말했던 원숭이의 모성애에 관한 설명을 팻말에 써 놓았다면 더 좋을 것 같다는 생각이 들었습니다. 어찌됐든 나는 어미 원숭이가 새끼를 업거나 안고 가는 모습을 보기 위해서 두리번거렸습니다. 하지만 그 우리에는 수컷 원숭이들만 있었는지 그런 모습을 볼 수는 없었습니다.

우리는 다시 길을 걷기 시작했습니다. 갑자기 저만치에서 사람들의 환호성이 들려왔습니다. 무슨 일인지 궁금해서 뛰어가 보니 사람들의 함성 사이로 공작의 모습이 보였습니다. 공작은 화려한 날개를 활짝 펴서 흔들고 있었습니다.

"저 공작은 자바 공작이라고 하는데, 지금이 번식기라서 암컷에게 구애를 하고 있는 거야."

"그럼 저 공작이 수컷이란 말이야?"

"응, 대개 조류들은 수컷이 더 화려하잖아. 공작도 수컷의 깃털이 훨씬 더 화려하고 아름답지. 암컷에게 자기 자신을 뽐내기 위해서 저렇게 깃털을 펼쳐서 흔드는 거야."

"그렇구나. 경환이 너 동물원에 자주 온다더니 동물 박사가 다 된 것 같다."

"공작에 관심을 좀 가졌었지. 우리 엄마가 공작을 엄청 좋아하셨거든."

"……."

"우식아, 빨리 와 봐."

나는 경환이가 또 침울해질까 봐 걱정이 되었는데 다행히 무언가 볼거리가 생긴 모양이었습니다. 경환이를 뒤따라 도착한 곳에는 관리를 소홀히 한 듯 허술해 보이는 동물 우리 하나가 있었습니다.

"뭐야? 저건 그냥 주변에서 쉽게 볼 수 있는 개잖아."

"자세히 한번 봐. 새끼들 중에 한 마리가 이상하지 않아?"

경환이의 말에 나는 우리 안을 뚫어지게 쳐다보았습니다. 우리 안이 조금 어둡기도 하고, 어미 개와 강아지들의 색깔이 비슷비슷해서 전부 몇 마리가 있는지도 쉽게 알 수가 없었습니다.

"도대체 뭐가 이상하다는 거야? 나는 잘 모르겠는데……."

"우리의 제일 안쪽에 있는 강아지를 봐. 저 강아지는 다리가 다섯 개 있어."

거짓말하지 말라고 말하려는 순간, 나는 정말로 다리가 다섯 개 달린 강아지를 발견했습니다.

"원래 동물들은 자기가 낳은 새끼가 제대로 살 것 같지 않으면 더 이상 돌보지 않는대. 저렇게 새끼가 기형인 경우에 어미는 제대로 자라지 못할 거라고 여기고 젖을 물리지 않는 거지. 그런데 신기하게도 저 어미 개는 기형인 강아지에게 젖을 물리고 다른 강아지들보다 더 애지중지한다는 거야. 보통 기형으로 태어난 동물들은 며칠이 지나면 죽고 마는데 저 강아지는 벌써 3주째 살고 있어."

"정말 신기한 일이다. 쥐들은 멀쩡하게 새끼를 낳아 놓고도 잡아먹기가 일쑤잖아. 민철이네 집에서 햄스터 키웠던 거 기억나지? 햄스터가 새끼를 낳았다고 민철이가 한창 호들갑을 떨었는데 며칠 먹이 주는 걸 잊어버렸더니 새끼를 다 잡아먹었대. 쥐 같은 설치류들이 모성애가 좀 부족한가 봐. 자기의 영양 상태가 좋지 않으면 새끼들을 잡아먹어서 영양분을 보충한 뒤에 다시 새끼를 낳아서 기른다는 거야."

내가 아는 척을 하고 나서 경환이를 쳐다보니까 경환이는 이미 딴 생각을 하고 있는 듯했습니다.

"저 강아지는 자기의 몸이 기형이라도 엄마의 사랑을 받을 수 있어서 정말 행복할 거야."

경환이의 눈가에 살짝 눈물이 비쳤습니다. 경환이에게 동물원은 엄마에 대한 그리움, 그 자체인 것 같았습니다. 나는 다급하게 화제를 바꿔 질문을 했습니다.

"경환아, 네가 가장 싫어하는 동물은 뭐냐? 나는 나무늘보가 그렇게 싫더라고. 아니 어떻게 매일 18시간이나 잠을 잘 수가 있냐? 나는 며칠 동안 입원해서 누워 있는데도 너무 힘들더라. 얼마 전에는 생물학자들이 나무늘보에 대해서 실험하다가 나무늘보가 하도 움직이지를 않으니까 실험을 포기했대. 하하하. 진짜 웃기지?"

"그러게. 나는 말이야, 코끼리가 제일 싫어. 글쎄 코끼리는 하루에 150~200kg이나 먹이를 먹는대. 일 년에 코끼리가 먹는 양을 따져 보면 평균 60~70톤이나 된다는 거 있지. 인간계의 먹보로 우식이가 있다면 동물계의 먹보는 코끼리일 거야. 하하하."

경환이가 내 의도를 알아차렸는지 농담을 해서 안심이 되었지만 나를 코끼리에 비유한 것은 상당히 마음에 들지 않았습니다. 그래도 오늘은 경환이를 생각해서 너그럽게 넘어가 줘야겠죠?

　잠시 뒤에 경환이의 휴대 전화가 울렸습니다. 경환이는 휴대 전화를 잠깐 노려보는 것 같더니 전화를 받았습니다.

　"여보세요? …… 저 친구랑 동물원에 있어요 …… 필요 없어요 …… 오늘따라 웬 관심이 그렇게 많으세요? 제가 알아서 할게요."

　예의 바르고 싹싹한 경환이가 저렇게 쏘아붙이는 걸 보니 경환이네 아버지가 전화하신 것이 틀림없었습니다. 언젠가 학교 앞에서 경환이 아버지를 만났었는데 경환이가 아버지를 보자마자 눈빛이 차갑게 바뀌더니 그냥 지나쳐 버려서 크게 놀란 적도 있었습니다.

　"경환아, 아직도 아버지랑 사이가 안 좋은 거야?"

　"……."

　"그러지 말고 아버지랑 화해해. 너희 아버지도 많이 힘드실 거야. 너무 원망만 하지 말고 좀 잘해 드려."

　"남의 얘기라고 쉽게 말하지 마. 엄마가 돌아가신 후로 매일 회사에만 붙어 있고 나는 안중에도 없어. 그러다가 가끔씩 관심 있는 척할 때마다 그 모습이 얼마나 가식적으로 느껴지는지 알아?"

"경환아, 너 가시고기 알지? 가시고기는 부성애가 강한 물고기야. 가시고기 수컷은 산란기가 되면 하루 종일 나뭇잎 조각이나 물풀로 둥지를 지어. 그러고는 암컷이 알을 낳고 알이 부화할 때까지 둥지 근처에 머물면서 가슴지느러미로 물을 부채질하여 산소를 공급해 주지. 그러는 와중에 둥지도 보수하고 알에서 갓 부화한 새끼들이 둥지 밖으로 나갔다가 힘없이 밑으로 가라앉으면 입으로 빨아들여 다시 둥지 안으로 넣어 주기도 해. 가시고기 새끼들은 이틀 정도가 지나면 밖으로 나가 물풀 속으로 숨어 버리는데 수컷 가시고기는 둥지 주변을 서성거리다가 둥지 근처에서 조용히 숨을 거두게 돼."

"우리 아빠는 가시고기가 아니잖아? 차라리 우리 아빠가 가시고기였으면 좋겠어."

"가시고기만큼이나 너희 아버지도 너를 사랑하실 거야. 그러니까……"

"됐어. 돌고래 쇼나 보러 가자."

나는 태어나서 처음으로 돌고래 쇼를 보았습니다. 텔레비전에서 돌고래 쇼나 물개 쇼를 본 적이 있었지만 직접 눈앞에서 보는 것은 처음이었습니다. 그러나 오늘은 돌고래의 묘기가 눈에 들어오지 않았습니다. 나는 즐거워하는 사람들을 따라 건성으로 박수를 쳤을 뿐 하나도 재밌지가 않았습니다.

내가 할머니의 죽음을 슬퍼하면서 안마기에 집착하고 있다면 경환이는 어머니의 죽음을 슬퍼하면서 동물원에 집착하고 있는 것 같았습니다. 내가 구멍가게 할머니의 다리를 주물러 드리면서 우리 할머니를 떠올리는 것처럼 경환이는 동물들을 구경하면서 어머니를 떠올리고 있었습니다.

우리는 누군가를 사랑하고 그리워하고 집착하고 있었습니다. 그런 점에서 우리는 꼭 닮은 친구였습니다.

2 경환이 어머니의 죽음

경환이가 처음부터 아버지를 원망하고 미워했던 것은 아닙니다. 이것은 경환이의 지갑 속을 자세히 본 사람이라면 누구나 알 수 있는 사실입니다. 경환이의 지갑 속에는 사진이 몇 장 들어 있는데, 어머니가 돌아가시기 전에 찍은 가족사진과 아버지와 나란히 앉아 낚시를 하는 사진, 아버지와 물싸움을 하는 사진들이었습니다.

또 경환이가 처음부터 우울해하고 버릇이 없었던 것도 아닙니다. 경환이가 어머니 얘기만 나오면 슬퍼하고 아버지께 버릇없이 굴기는 하지만 나만큼이나 재치 있는 농담도 잘하고, 다른 어른들께 인사성도 밝아 싹싹하다는 소리도 많이 듣습니다. 요즘에는 경환이가 농담하는 것을 몇 번 본 친구들이 경환이에게 말을 걸기도 해서 예전보다 친구들과 잘 지내고 있습니다.

어찌됐든 경환이가 예전보다 힘든 시간을 보내는 이유는 2년 전에 돌아가신 어머니 때문입니다. 그 전에 경환이는 부모님의 사랑을 많이 받아 따뜻하고 쾌활한 친구였습니다.

경환이 부모님은 부부간에 정이 각별하셔서 집안 분위기가 언제나 화기애애했습니다. 가끔씩 말다툼을 하시더라도 한 시간이 채 못 되어 서로 먼저 사과를 하기 일쑤였고, 시간이 날 때마다 낚시 얘기나 서예 얘기를 나누셨습니다. 경환이 아버지는 낚시를 무척 좋아하셨고, 어머니는 서예가 취미라서 경환이도 어렸을 때부터 자연스럽게 낚시와 서예를 좋아하게 되었습니다.

경환이네는 주말이 되면 가족끼리 낚시하러 가거나 어머니를 선생님으로 모시고 붓글씨를 썼습니다. 그래서 주말이 끝나면 다음 주말까지 낚시하기 좋은 곳을 알아보거나 어떤 글씨를 쓸지 정하는 것이 주중 행사였습니다.

겨울이 되면 으레 한 두 번씩 인제 빙어 축제에 가서 낚시도 하고 눈썰매도 탔는데, 경환이는 그때가 가장 즐거운 시간이었습니다.

"경환아, 빙어 낚시는 말이야. 장비가 간단하면서도 손맛이 좋아 낚시꾼들에는 별미지. 자, 견짓대를 줄 테니까 네가 줄을 걸어 봐라. 찌는 이렇게 하고……."

경환이는 아버지와 머리를 맞대고 낚시할 채비를 끝냈습니다. 경환이네 아버지는 꾸물거리는 구더기를 달아 경환이에게 건네주셨습니다. 경환이는 얼음 구덩이 속으로 미끼를 빠뜨렸습니다. 경환이네 어머니는 구더기가 징그럽다며 낚싯대에는 손도 대지 않으셨습니다.

경환이가 빙어를 낚는 동안 경환이 아버지는 어머니가 심심해하실까 봐 빙어 낚시에 대해서 설명해 주었습니다. 두 시간 정도 지났을 무렵, 경환이 아버지가 실력을 한껏 발휘해서인지 아이스박스 안에는 금방 빙어가 가득 찼습니다. 온 가족이 종이컵에 초고추장을 담아 들고 아이스박스 주변을 에워쌌습니다. 경환이 아버지가 먼저 시범을 보이셨습니다.

"자, 이렇게 빙어 한 마리를 들고 초고추장에 푸욱 찍어서 입에 넣고 오물오물 씹으면 되는 거야."

경환이는 아버지를 따라서 빙어 한 마리를 집어 들었습니다. 빙어가 꿈틀대는 바람에 잘 잡히지 않았지만 일단 종이컵까지 옮기는 데는 성공했습니다. 빙어는 초고추장 속을 신나게 헤엄치더니 금방 지쳐서 얌전해졌습니다. 경환이는 빙어 꼬리를 잡고 입에 넣었습니다. 순간 기절한 줄 알았던 빙어가 다시 꿈틀거려서 경환이의 얼굴과 외투는 초고추장 범벅이 되었습니다.

경환이네 어머니는 경환이의 얼굴과 외투를 손수건으로 닦아 주시며는 큰 결심이라도 하신 듯 아이스박스 안을 쳐다보셨습니다. 그리고 빙어 한 마리를 잡아서 종이컵에 빠뜨리셨습니다. 종이컵 안에서 빙어가 꿈틀거려 언뜻 보면 종이컵이 저절로 움직이는 것처럼 보였습니다. 경환이 어머니는 계속 종이컵 속의 빙어만 쳐다보실 뿐 빙어를 드시지는 못하셨습니다.

그때 경환이네 아버지가 초고추장을 뒤집어쓴 빙어를 내미셨습니다. 경환이네 아버지의 손가락 사이에서는 빙어가 요동을 치고 있었습니다.

"도저히 못 먹겠어요. 꿈틀거리는 것도 징그럽지만 살아 있는 걸 그냥 씹을 생각을 하니……."

하지만 경환이 아버지는 막무가내로 빙어를 들이미셨습니다. 경환이 어머니는 주춤주춤 뒤로 물러나시다가 급기야 도망치셨습니다. 경환이 아버지는 요동치는 빙어를 손에 들고 경환이 어머니를 쫓아 뛰어다니셨습니다. 낚시터에 있던 사람들은 경환이네 부모님을 여러 가지 의미의 눈빛으로 쳐다보았습니다.

빙어 축제에 다녀온 뒤에 경환이가 감기에 걸린 탓에 경환이네는 2주 동안이나 낚시를 가지 못했습니다. 대신 거실에 모여서 붓글씨를 썼습니다. 경환이 어머니는 서예에 관한 한 엄격하신 편이셨습니다. 행여 자세가 틀어지기라도 하면 호되게 꾸지람을 하셨기 때문에 정신을 똑바로 차려야 했습니다.

"오늘은 쓰고 싶은 글씨를 즉흥적으로 정하는 게 어떨까?"

"왜요? 엊그제는 당신이 좋아하는 노래 가사를 쓰기로 했잖아요. 갑자기 쓰고 싶은 게 생겼어요?"

"응, 기왕이면 우리 가족에게 교훈을 주는 것도 좋을 거 같아서……. '감기에 걸리지 말자. 우리는 낚시를 가야 한다'를 쓰는 게 어때?"

"당신도 참 짓궂기는……. 누가 감기에 걸리고 싶어서 걸리나요?"

경환이네는 결국 아버지의 의견을 따라서 '감기에 걸리지 말자. 우리는 낚시를 가야 한다'를 쓰기로 했습니다. 거실 바닥에 천을 깔고 연습용 신문지를 글씨 크기에 맞게 잘랐습니다. 경환이는 정성을 들여 먹을 갈고 붓을 정돈했습니다.

거실 가득 먹의 향이 퍼지고 경환이네는 한 글자 한 글자 곱게 신문지를 채워 나갔습니다.

"여보, 붓은 그렇게 잡는 게 아니라고 했죠? 붓을 연필 쥐듯이 쥐면 어떻게 해요!"

"아~휴, 미안해. 나도 모르게 이렇게 잡고 있었네."

"그럼 그리지 말고 똑바로 쓰세요."

드디어 연습이 끝나고 경환이네는 화선지에 글씨를 썼습니다. 잠깐 동안이었지만 학원에서 서예를 가르쳤던 경환이 어머니가 제일 먼저 작품을 완성하셨습니다. 흰 화선지에 전혀 교훈적이지 않게 '감기에 걸리지 말자. 우리는 낚시를 가야 한다'라는 문구가 멋지게 쐬어 있었습니다.

"우리 다음 주 일요일에는 서해 대교 구경하러 가요. 가서 바다도 보고, 회도 먹고 오면 좋겠다. 어때요?"

"좋아, 우리 여왕님 모시고 오랜만에 바닷바람 좀 쐬야겠네."

그러나 일요일이 되었을 때 경환이네 가족은 서해로 놀러 가지 못했습니다. 경환이 아버지의 회사 직원 결혼식이 있었기 때문입니다.

"정말로 같이 안 갈 거야? 나도 결혼식이 오늘인지 깜빡하고 있었다니까."

"놀러 가기로 한 것 때문에 그런 거 아니에요. 몸이 좀 안 좋아서 그러니까 당신 혼자 다녀오세요."

"그러지 말고 같이 가자. 우리 회사 사람들이 당신을 얼마나 좋아하는지 알아? 당신이랑 같이 있으면 나까지 빛난다고 다들 나를 얼마나 부러워하는데…… 당신이 오늘 결혼하는 신부보다 훨씬 더 이쁠 거야. 그치?"

경환이 아버지가 오랫동안 설득한 끝에 두 분은 같이 결혼식장에 가게 되었습니다. 사실 경환이네 어머니는 이틀 전부터 몸살 기운이 있어서 계속 피곤해 하셨습니다. 아마 결혼식이 아니었어도 서해 대교를 보러 가지는 못했을 것입니다.

"어쩜 당신은 그렇게 피곤한 얼굴인데도 예쁜지 몰라. 결혼식에 다녀와서 내가 저녁도 하고, 당신 안마도 해 줄게. 그러니까 피곤해도 조금만 참아 주라. 나 정말 당신하고 같이 가고 싶어서 그래."

"알았어요. 오늘 저녁은 내가 좋아하는 해물 스파게티랑 치킨 샐러드로 해요."

"걱정 마. 내가 우리 집 요리사 아니겠어? 사과로 토끼 모양 만들어서 장식까지 해 줄게."

차 안에서 경환이네 부모님이 저녁 메뉴로 즐거워하고 있을 때 갑자기 오른쪽에서 화물 트럭 한 대가 튀어나왔습니다. 경환이 아버지가 급한 마음에 핸들을 돌렸지만 차는 이미 화물차에 받혀 반대 차선의 차까지 들이받으면서 한 바퀴를 돌아 멈춰 섰습니다.

그 사고로 경환이 어머니는 목숨을 잃으셨습니다. 경환이 아버지도 갈비뼈가 으스러지고 팔다리가 부러져서 중환자실에 계셨습니다. 경환이는 어머니의 죽음을 믿을 수가 없었습니다. 중환자실에 계시는 아버지마저 돌아가실까 봐 하루도 눈물을 흘리지 않는 날이 없었습니다.

길고 긴 병원 생활 끝에 경환이네 아버지는 퇴원을 하셨습니다. 경환이는 어머니의 죽음으로 매우 고통스러웠지만 아버지만이라도 살아 계셔서 정말 다행이라고 생각했습니다.

그러나 경환이네 아버지는 전처럼 경환이를 살갑게 대하지도 않고, 회사 일에만 매달리셨습니다. 어머니의 빈자리가 컸던 경환이는 아버지의 따뜻한 사랑마저 잃은 것 같아서 몹시 슬펐습니다. 경환이의 마음속에는 점점 아버지에 대한 원망이 자리 잡기 시작했습니다. 아버지는 몸살 기운이 있으셨던 어머니를 억지로 데려가시다가 교통사고를 냈다고 생각하시면서 아버지 혼자 살아남으신 것에 대해 자신을 책망하기도 했습니다.

　그렇게 2년의 시간이 흐르고 경환이의 마음에는 어머니에 대한 그리움과 아버지에 대한 끝없는 원망만이 가득했습니다.

3 아버지에 대한 증오 사라짐

돌고래 쇼가 끝나고 우리는 동물원 근처의 식당에서 저녁을 먹었습니다.

"다음에도 동물원에 같이 오자. 돌고래 쇼 진짜 재미있었지?"

"치, 거짓말하지 마. 하나도 집중 안 하고 있었으면서……."

"내가 그랬냐? 아~ 비밀로 하려고 했는데 들켜 버렸네."

"미안해. 너한테 화낼 일이 아닌데 내가 좀 심했어."

"아냐, 나도 그 마음 이해가 돼. 네가 아버지를 원망하듯이 나도 자신을 원망하고 있었거든. 너도 알겠지만 내가 할머니를 엄청 사랑하잖아. 그런데 얼마 전까지 할머니가 나 때문에 돌아가셨다고 생각했어. 할머니가 나를 찾아다니다가 다치셔서 병원에 입원한 뒤에 돌아가셨거든."

"어떻게 다치셨는데 돌아가셨어?"

"사실은 위암 때문에 돌아가셨대. 그때는 내가 어려서 위암이 뭔지도 모르고 그냥 나를 찾다가 다치셨다고만 알고 있었지. 게다가 나 때문에 다치셨는데 내가 너무 어려서 안마기도 못 사 드리고 할머니께 잘못을 저지르기만 했다고 생각했던 거야."

"그래서 많이 힘들었겠다."

"병원에 있는 동안 할머니 생각이 많이 나서 잠도 제대로 못 잤는걸. 그래도 우리 누나한테 스피노자에 대한 얘기를 들으면서 생각이 많이 달라졌어."

"스피노자가 뭔데?"

"스피노자는 이성을 통해서 감정을 인도하여 기쁨으로 충만한 삶을 사는 데 행복이 있다고 말한 철학자야. 인간은 누구나 존재하려고 하는 힘인 '존재 역량'을 가지고 있는데, 우리가 기쁨을 느끼면 존재 역량이 증가하고, 우리가 슬픔을 느끼면 존재 역량이 감소한다고 주장했지."

"그래? 그럼 나는 지금 엄청나게 존재 역량을 감소시키고 있는 거구나."

"잘 알고 있네. 그러니까 존재 역량을 감소시키지 말고 아버지와 행복하게 지내."

"너는 할머니가 돌아가신 이유를 알게 돼서 그럴 수 있겠지만 우리 엄마가 아빠 때문에 돌아가신 것은 사실이잖아. 아빠를 용서할 수가 없어."

"내가 보기엔 그렇지 않을 것 같은데…… 스피노자가 한 말을 들려줄 테니 잘 생각해 봐.

스피노자는 인간이 외부의 영향을 받아서 기쁨이나 슬픔을 느끼고 존재 역량을 증가시키거나 감소시킨다고 생각했어. 그런데 그 외부의 영향이 항상 좋은 것일 수만은 없잖아. 내가 할머니의 죽음으로 슬픔을 느끼면서 나의 존재 역량을 감소시키는 것처럼 말이야.

그래서 스피노자는 우리의 신체를 건강하게 만들어서 가능한 한 외부로부터의 영향을 최소화시켜야 한다고 했어. 또 외부의 영향 때문에 발생하는 감정의 원인을 이해함으로써 과도한 감정이 일

어나지 않도록 해야 한다고 주장했지. 이때 반드시 필요한 것이
바로 '이성'이야.

기쁨을 추구하는 우리의 욕망이 존재 역량의 감소로 이어지지
않고, 슬픔으로 인한 존재 역량의 감소가 더욱 심해지지 않기 위
해서는 우리는 이성의 안내를 받아야 해.

그렇다고 감정을 이성으로 억압하거나 제거해야 된다는 것은 아
니야. 수많은 철학자들이 인간의 욕망을 억압과 제거의 대상으로
보았지만 스피노자는 인간은 본질적으로 감정의 동물이라고 생각
했거든. 오히려 이성을 통해서 욕망이 성공적으로 자신의 임무를
수행할 수 있어야 한다고 했어."

나는 요리 만화를 빌려 준 누나에게 앙갚음을 하기 위해서 누나
의 노트를 몰래 가져왔는데 경환이에게도 도움이 될 것 같아서 아
주 흡족했습니다. 나는 누나가 했던 것처럼 스피노자가 말한 내용
이 적힌 부분을 펴서 경환이에게 보여 주었습니다.

이성은 자연에 반대되는 것은 아무것도 요구하지 않는
다. 이성은 모든 사람들이 자기 자신을 사랑하고 자신의
이익을 추구하고 자신에게 진정으로 유용한 것들을 추구

하도록 요구한다. 다시 말해 이성은 각자가 가능한 한 자신의 존재를 유지하도록 노력할 것을 요구한다.

경환이가 노트를 보다 말고 물었습니다.

"그럼 이성과 욕망은 어떻게 다르다는 거야?"

"욕망은 자기의 존재 역량을 증가시키려고 노력하는 것이고, 이성은 우리의 욕망이 존재 역량을 감소시키는 잘못된 방향으로 나아가지 않도록 도와주는 거야. 쉽게 말해서 이성은 욕망을 똑똑하게 만드는 선생님인 셈이지."

"도덕 시간에 이성은 올바르게 판단하고 인식하는 능력이라고만 배웠는데, 이성이 욕망처럼 자기 자신에게 이로운 것을 얻으려 한다는 생각은 못했어."

"그래 맞아. 이성은 올바르게 판단하고 인식하는 능력이야. 스피노자에 따르면 감정의 원인을 올바르게 판단하고 인식하는 거지. 네가 만약에 길을 가고 있는데 갑자기 축구공에 맞으면 기분이 어떨 거 같아?"

"당연히 기분이 나쁘겠지. 아프기도 하고."

"하지만 내가 슈팅 연습을 하다가 실수로 찬 것이라면?"

"뭐 그렇다면 기분 나빴던 것이 점점 풀리겠지. 일부러 그런 것이 아니니까."

"그래. 같은 상황에서 같은 감정을 느꼈어도 그 원인을 제대로 알고 나면 우리는 나쁜 감정을 줄이고 존재 역량이 감소되는 것을 막을 수 있어. 그렇기 때문에 이성이 중요한 거야.

스피노자는 인간의 행동을 포함해서 자연 안에서 일어나는 모든 일은 원인과 결과에 따라 필연적으로 발생한다고 생각했어. 그래서 어떤 일에는 그 일이 일어날 수밖에 없는 원인이 있다는 것을 이해하면 감정이 완화될 수 있다는 거지. 즉, 이성적 인식은 모든 것이 선행하는 원인에 따라 필연적으로 일어난다는 사실을 알게 하고, 이것을 깨달으면 경멸·비난·증오는 완화되고 사라진다는 거야.

그럼 이제 어머니의 죽음에 대해서 자세히 생각해 봐. 네가 아버지를 원망하는 이유는 아버지가 결혼식에 어머니를 모시고 가지 않을 수도 있었는데 억지로 모시고 갔고, 화물 트럭이 튀어나왔을 때 핸들을 왼쪽으로 꺾지 않을 수도 있었는데 왼쪽으로 꺾어서 어머니를 돌아가시게 만들었다고 생각하기 때문이잖아. 하지만 아버지는 어머니와 같이 계시고 싶었기 때문에 어머니를 설득해서 같이 가게 되었어. 그리고 화물 트럭이 갑자기 들이닥친 것은 아버지의 잘못도 아니고, 아버지는 화물 트럭을 어떻게든 피하기 위해 최대한으로 핸들을 돌리신 거라고.

이렇게 어머니의 죽음이 필연적인 원인과 결과에 의해서 일어날 수밖에 없었다는 것을 이해하면 아버지에 대한 원망의 감정은 점점 감소되고 결국에는 사라지게 될 거야."

경환이는 저녁을 다 먹고 헤어질 때까지 아무 말도 하지 않았습니다. 하지만 나는 경환이가 앞으로 아버지를 조금씩 이해할 거라고 믿었습니다. 내가 할머니의 죽음을 제대로 받아들이고 스스로에 대한 원망을 줄여 나갔듯이 말입니다.

마음다스리기

스피노자에 따르면, 인간은 본질적으로 감정의 동물이고, 감정은 존재 역량의 증대에 중요한 역할을 한답니다. 그렇다고 우리가 감정에만 의존해서 존재 역량의 증대를 꾀할 경우, 우리는 수많은 시행착오를 겪을 수밖에 없어요. 왜냐하면 감정은 그것이 기쁨이든 슬픔이든지 간에 그 위력이 대단해서 우리가 그것으로부터 빠져나오기가 매우 힘들기 때문이지요.

이를테면 존재 역량의 증가는 기쁨으로 나타나는데, 그 기쁨을 맛 본 사람은 기쁨을 주는 대상에 대해 사랑(외부 원인에 대한 관념에 의해 수반되는 기쁨)이라는 감정을 갖게 되고, 그것과 계속 접하려고 하겠죠.

이러한 사랑의 힘은 매우 커서 우리는 종종 기쁨을 주는 대상에게 집착하기도 해요. 그러한 맹목적 사랑과 집착은 우리의 존재 역량을 증대시켜 주기보다는 오히려 존재 역량을 감소시키는 경우가 더 많아요.

　기쁨을 추구하는 우리의 욕망이 존재 역량의 감소로 이어지지 않고 슬픔으로 인한 존재 역량의 감소가 더욱더 심화되지 않기 위해서는 우리는 이성의 안내를 받아야 합니다.

　수많은 도덕 철학자들과는 달리 스피노자는 이성으로 욕망이라는 감정을 억압하거나 제거하려고 하지 않아요. 사실 스피노자에게 있어서 욕망은 억압과 제거의 대상이 아니랍니다. 왜냐하면 코나투스가 모든 존재하는 것들의 본질인 한, 코나투스의 인간학적 표현인 욕망 역시 인간의 본질이기 때문이죠.

　오히려 스피노자에 따르면, 이성의 역할은 욕망을 억압하거나 없애는 데 있는 것이 아닙니다. 욕망이 성공적으로 자신의 임무를 수행할 수 있도록 도와주는 데 있다고 할 수 있어요. 우리의 욕망이 존재 역량의 증대를 바라듯 이성 역시도 우리에게 존재 역량을 증대시킬 것을 요구한다는 거죠.

　그럼 뭐가 다를까요? 간단하게 말하면 이성은 욕망에게 제대로 된 자기 보존을 위해 노력할 것을 권한다고 할 수 있어요.

"하려면 제대로 해라!"

　이것은 이성이 욕망이라는 감정에게 주는 메시지라고 할 수 있어요. 이성은 길잡이가 되어 존재 역량을 부작용 없이 지속적이고 안정적으로 강화시켜 나갑니다. 그렇게 하여 기쁨으로 충만한 삶을 살아야 한다는 것이 스피노자의 충고입니다.

　이성의 인도를 받는다는 것은 감정의 원인이 되는 상황을 인과 관계의 필연적 연쇄 속에서 이해하는 것이랍니다. 이것을 깨닫기만 하면 경멸 · 비난 · 증오의 감정은 완화되고 사라질 수 있답니다.

　요약하면, '욕망'은 외부 대상이 어떻게 나를 기쁘게 하는지 모르는 상태에서 외부 대상을 맹목적으로 추구하고, 어떻게 나를 슬프게 하는지 모르는 상태에서 외부 대상을 맹목적으로 미워해요.

　하지만 '이성'은 외부 대상과 나뿐만 아니라 외부 대상이 나에게 어떻게 작용하는가에 대해서도 아는 상태, 즉 참되고 적합한 인식을 갖는 상태에서 감정을 완화시켜 자기 보존을 추구한다고 할 수 있어요.

　이렇게 될 경우, 더 나아가 모든 일을 기쁘게 받아들일 수 있게 됩니

다. 더 이상 경멸·비난·증오의 감정은 존재하지 않게 되며, 그러한 감정은 단순히 완화되고 사라지는 것만이 아니라 기쁨으로 전환된다고 할 수 있어요.

이를테면, 사실을 올바르게 이해할 경우, 모르는 것을 알았을 때 느끼는 기쁨이라든가 올바르게 이해할 수 있는 스스로의 능력을 대견하게 느끼는 데서 오는 기쁨 등으로 우리는 엄청난 만족을 느낄 수 있어요.

스피노자는 이렇게 말하고 있어요.

"정신이 적합한 인식을 가질 때 정신은 정신 자체와 정신의 활동 능력을 인식하고 그것에 의해서 기쁨을 느낀다."(3부 정리 53)

스피노자가 말하는 행복은 감정을 억제하고 통제하여 얻는 것이 아니랍니다. 감정을 이성의 힘으로 이해하고, 기쁨으로 바꾸는 데 있다고 할 수 있어요. 그러니까 기쁨으로 충만한 삶을 살기 위한 열쇠는 결국 이성이 가지고 있다고 할 수 있어요.

따라서 이성이 제 능력을 발휘할 수 있도록 해 주는 것이 무엇보다 중요해요. 왜냐하면 이성은 감각이나 상상에 의해 감정의 노예로 쉽게 전락할 수 있기 때문이죠.

4

이상적인 인간

 모든 고귀한 것은 힘들 뿐만 아니라 드물다.

1 가족 여행을 떠나다

내가 병원에 입원해 있는 동안 잠잠했던 새 차 전쟁이 다시 시작되었습니다.

"어제 회사로 자동차 외판원이 왔었는데 말이야. 요즘은 차를 사면 한꺼번에 목돈이 들지 않아서 좋더구먼. 무슨 자동차 값을 냉장고 할부금 내듯이 해."

"목돈만 안 들어가면 다 되는 거예요? 매달 몇 십 만원씩 내서 몇 년을 부어야 할 텐데."

"그래도 크게 무리하지 않고 살 수 있잖아. 결혼 자금이나 등록 금이 필요할 때 차 값 때문에 곤란하지 않아도 되고……."

"그게 작은 돈 같아도 매달 모이면 목돈이 되는 거예요. 그러니까 큰일들 치르기 전에는 아껴서 잘 삽시다. 차는 그 뒤에나 생각해 보자고요."

"자동차 외판원 말이 그 행사가 이번 달이면 끝난대. 이렇게 좋은 기회가 어디 있어? 그러니까 잘 좀 생각해 보고 새로 장만하자. 내가 용돈 좀 줄일게."

"그런 말은 외판원들이 늘 하는 말이에요. 그 행사가 이번 달에 끝나고 나면 다음 달에 비슷한 행사를 이름만 바꿔서 또 할걸요."

"알았다, 알았어. 이젠 나도 설득하는 데 지친다 지쳐."

결국 새 차 전쟁은 엄마의 승리였습니다. 그 뒤로 아빠는 두 번 다시 새 차 얘기를 꺼내지 않으셨습니다. 하지만 며칠이 지나도 거실에 나와서 텔레비전을 보시거나 식사하실 때 말씀을 하지 않으셨습니다. 집 안 가득 무거운 공기가 흘러 나는 숨이 막힐 것 같았습니다.

"엄마, 웬만하면 차 한 대 사요. 아빠가 저렇게까지 사고 싶어 하시는데……."

"차가 무슨 장난감인 줄 아니? 엄마도 나름대로 아빠 생각을 많이 해 보고 내린 결정이야. 그렇다고 가장이라는 사람이 삐져서는 말 한마디 안 하고. 진짜 마음보가 좁아터졌어."

"그럼 엄마가 말이라도 좀 붙여 보시든가요. 제가 보기에는 엄마나 아빠나 똑같아요."

"그러는 네가 아빠한테 말도 좀 걸어 드리고 애교도 좀 부려 보지 그러니?"

"저 요즘 교수님 도와 드리느라 바쁘잖아요. 집에 있는 시간도 얼마 없는데 그 잠깐 사이에도 아주 답답해서 죽겠어요."

"엄마는 아빠가 계속 침묵 시위를 하는 한 화해할 생각 없다."

누나도 결국 엄마를 설득하는 데 실패했습니다. 아무래도 우리 엄마는 다른 사람들에게 쉽게 설득되지 않는 사람인 것 같습니다. 나는 슬며시 안방으로 들어갔습니다.

"아빠, 엄마한테 화나셨어요?"

"아니."

"근데 왜 엄마랑 말씀을 안 하세요?"

"그거야, 엄마한테 화났으니까 그렇지."

"그거 보세요. 엄마한테 화났네요 뭐. 그러시지 말고 엄마랑 화해하세요."

"네 엄마 정말 너무하지 않니? 아빠가 그렇게 사고 싶어 하는데 한 번 생각해 보자고 할 수도 있잖아? 처음부터 딱 잘라서 안 된다고만 하고. 아빠는 차를 못 사는 안타까움보다 엄마한테 서운한 마음이 더 크다."

"아니에요. 아까 전에 엄마가 아빠 생각도 해 봤지만 사기 힘들다고 하셨어요. 저랑 누나 때문에 차를 못 사 드려서 엄마도 많이 속상하실 거예요. 제가 나중에 돈 많이 벌어서 좋은 차 사 드릴 테니까 엄마랑 화해하세요. 네? 아빠~."

"사내자식이 징그럽긴…… 그래도 내가 이 맛에 살지."

아빠는 한쪽 눈을 찡긋하시고는 부엌으로 가셨습니다. 나도 살짝 아빠를 따라갔습니다.

"여보, 오랜만에 우리 가족 여행이나 다녀올까?"

아빠의 말씀에 엄마 기분이 좋아지신 게 분명해 보였지만 엄마는 아닌 척 담담한 표정으로 되물으셨습니다.

"갑자기 여행은 왜요?"

"당신 호미곶에 가 보고 싶다고 했었잖아? 그 왜 '상생의 손'인가 하는 거 구경하고 싶다고……."

"정말요? 거기 진짜 가 보고 싶었는데. 그럼 우리 언제 가요?"

결국 우리 가족은 주말에 호미곶의 '상생의 손'을 보러 경상북도 포항으로 여행을 갔습니다. 하마터면 중고 시장으로 팔려 갈 뻔했던 우리 집 승용차는 오래간만에 먼 길을 떠나야 했습니다.

호미곶으로 가는 길은 꽤 멀고 복잡했습니다. 아빠와 엄마는 한참이나 지도를 보시면서 말씀을 나누셨습니다.

"그러니까 경부고속도로에서 대구-포항 간 고속도로로 빠져서 포항 톨게이트까지 오면 되는 거야."

"생각보다 복잡하네. 이럴 때 네비게이션이 있으면 얼마나 편해요. 그런 건 사자고 사자고 해도 안 사는 양반이……."

"어허, 네이게이션은 무슨. 지도를 보면서 가는 게 여행의 묘미지."

"아빠, 빨리 출발해요. 빨리 가서 해 지는 것도 봐야죠."

"누나, 호미곶은 일출 보러 가는 곳 아냐?"

"호미곶은 일출로 유명하긴 하지만 일몰도 아주 멋진 곳이야."

"그러냐? 그렇다면 빨리 출발해야겠네."

아빠가 차에 시동을 거는 순간 우리 가족의 마음은 이미 호미곶에 가 있었습니다. 호미곶은 엄마가 보고 싶어 하는 '상생의 손'이 만들어진 이후에 더욱 유명해진 곳입니다. '상생의 손'은 바다에 하나, 육지에 하나가 있는데, 새 천년을 맞아 모든 국민이 서로 도우며 살자는 뜻에서 만든 것입니다. 만약 '상생의 손'이 바라는 것이 이루어진다면 우리나라 국민의 존재 역량이 증가하게 되어 모두 행복해하겠지요?

　"엄마, '상생의 손'이 두 개 있는 거 아세요?"

　"진짜? 하나밖에 못 봤는데……."

　"바다에는 오른손, 땅에는 왼손이 있대요. 그래서 두 손을 서로 맞잡아 협동하면서 살자는 뜻이래요."

　"와~ 우리 우식이는 아는 것도 많네."

2 노예와 자유인

아빠는 동서울을 빠져나오면서부터 '연오랑과 세오녀' 이야기를 하느라 바쁘셨습니다. 나도 귀를 쫑긋 세우고 들으려고 했지만 뒷자리까지는 잘 들리지 않았습니다.

"우식아, 우리 호미곶까지 가는 동안 마지막으로 스피노자에 대해서 얘기해 볼까?"

"오늘의 강의 주제는 뭔데?"

"노예와 자유인."

"노예와 자유인? 그게 존재 역량이랑 무슨 상관이야?"

"너는 스피노자가 생각하는 이상적인 인간이 어떤 인간일 거 같니?"

"음, 자신의 존재 역량을 최대한 증가시키면서 살아가는 인간이 아닐까?"

"맞아, 스피노자는 감정의 예속으로부터 벗어나 이성의 인도를 받으며 자신의 존재 역량을 가능한 한 최대치로 끌어올린 인간을 '자유인' 또는 '현명한 사람'이라고 불렀어. 반대로 감정에 이리저리 휘둘리면서 자신의 존재 역량을 지속적으로 감소시키는 인간을 '노예'라고 불렀지."

"하지만 스피노자는 모든 사람은 자기 보존을 위해서 노력한다고 했잖아? 노예도 사람인데 자기 보존을 위해 노력하겠지."

"당연히 노예든 자유인이든 자기 보존을 위해 노력하지. 자유인 못지않게 노예도 자기 존재를 지속시키고, 자신의 존재 역량을 높이기 위해 최선을 다한다고 할 수 있어."

"그럼 둘의 차이는 대체 뭐야?"

"자유인은 이성의 안내를 받아서 자신이 중요하다고 생각하는 것을 행하지만 노예는 감정에 따라서 자신이 잘 알지도 못하고 진정으로 원하지 않는 것을 행한다는 것이 그 둘의 차이점이야."

"하기야 노예는 주인이 시키는 것만 하면서 살아가잖아? 자기가 왜 그 일을 해야 하는지도 잘 모를 거야."

"그렇지. 노예는 자신에게 이익이 되는 것이 아니라 주인에게 이익이 되는 일을 주인이 명령하니까 할 수 없이 하는 거야. 그렇기 때문에 노예에게 있어 일은 즐거움을 주기보다는 고통과 슬픔을 줄 수밖에 없고, 일이 거듭될수록 노예의 존재 역량은 약화될 수밖에 없어.

마찬가지로 우리가 감정에 사로잡혀 행동한다면 어떨까? 감정이 시키는 대로 이리저리 휘둘리면서 살아간다면 우리의 모습은 노예와 다를 바가 없을 거야."

"그 말은 우리가 감정의 노예가 된다는 거구나."

"우리가 감정의 노예로 살아갈 경우, 우리는 과도한 감정의 늪에서 빠져나올 수 없고 결국에는 존재 역량의 감소를 경험할 수밖에 없어.

이와는 반대로 자유인은 자기 삶의 중심에 서서 자신의 존재 역량에 진정으로 필요한 것이 무엇인지를 이성적으로 판단하면서 살아가는 사람이야. 그러니까 감정에 이리저리 휘둘리지 않겠지.

하지만 우리가 자유인처럼 살아가는 것은 쉬운 일이 아니야. 스피노자는 자신의 저서 《에티카》의 마지막에서 '모든 고귀한 것은 힘들 뿐만 아니라 드물다'고 했어."

누나는 가방 속에서 《에티카》 책을 꺼냈습니다. 나는 누나가 노트 이야기를 꺼낼까 봐 가슴이 콩닥콩닥했지만 마음을 최대한 진정시키고 누나가 보여 주는 부분을 주의 깊게 읽었습니다.

우리는 모든 것이 인과 관계에 따라 필연적으로 일어난다는 사실을 이해하려고 노력해야 한다. 그럼으로써 우리는 다른 사람의 행동들이 그들 스스로가 의도한 것이 아니라는 것을 알게 된다. 이것을 깨닫기만 하면 다른 사람들에 대한 경멸·비난·증오와 같은 슬픈 감정들은 완화될 수 있다.

이렇게 해서 자유인은 어느 누구도 증오하지 않으며, 어느 누구에게도 화를 내지 않는다. 또한 자유인은 어느 누구도 질투하거나 경멸하지 않으며, 어느 누구에게도 격분하지 않고, 결코 교만하게 행하지 아니한다.

그리고 자유인은 가능한 한 자신에 대한 타인의 미움·

분노·경멸 등을 사랑이나 관용으로 보상하려고 노력한다.

스피노자는 1675년에 《에티카》를 완성하였고, 그가 죽은 후인 1677년에 간행되었습니다. 스피노자는 자신이 완성한 책이 간행되는 것을 보지도 못했을 뿐만 아니라 그가 죽고 나서 거의 100년 동안은 인정도 받지 못했습니다. 이 사실을 알았다면 스피노자는 어떻게 했을까요? 스스로가 자유인이 되어 존재 역량을 감소시키지 않고 이성적으로 판단했을까요?

"누나, 다른 사람들을 미워하지 않고 살아가는 것이 존재 역량의 감소를 막는 길이라는 것은 이해할 수 있어. 하지만 다른 사람들이 나를 비난하고 증오하는 것까지 내가 어떻게 할 수는 없잖아. 더구나 그 비난과 증오를 사랑이나 관용으로 보상하라니 너무 이상적인 것이 아닐까?"

"물론 그런 면이 없지는 않지만 다른 사람이 나를 비난하고 증오한다고 해서 나도 그 사람을 비난하고 증오하는 것은 감정에 휘둘리는 것이고 스스로의 존재 역량을 감소시키는 거잖아. 만약 내가 너의 식탐에 대해서 비난한다면 너는 어떻게 할래?"

"기분이 엄청 나빠져서 나도 누나의 나쁜 면을 찾아서 비난하려

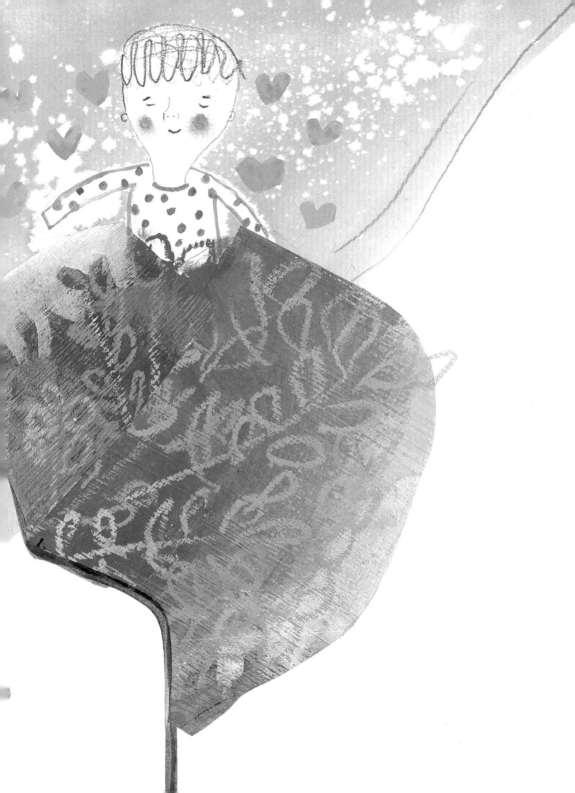

고 할 거고, 누나를 미워하는 감정을 갖게 되겠지."

"그럼 나도 네 비난 때문에 기분이 나빠져서 다른 것을 꼬투리 잡아 또 비난하려고 할 테고, 미움의 감정이 꼬리에 꼬리를 물고 이어질 게 아니겠어? 그건 서로가 서로를 망치게 하는 지름길이야.

그렇다면 반대로 한번 생각해 보자. 내가 네 식탐을 비난했는데도 너는 감정적으로 대응하지 않고 최대한 미움이라는 감정에 사로잡히지 않으려고 노력했어. 그리고 아주 힘들겠지만 나를 사랑으로 대하고 관용으로 감싸 안으려고 했다면 그 뒤에는 어떻게 될까?"

"그렇다면 나는 미움이라는 감정에 빠지지 않아서 존재 역량을 증가시킬 수 있고, 누나는 내 사랑에 감동을 받아서 비난하고 미워하려는 마음을 버리겠지."

"더불어 너를 사랑하는 마음도 커질 거야. 이것이 바로 현명한 사람이 취해야 할 태도야. 그래서 현명한 사람의 얼굴에서는 항상 웃음이 떠나지 않는대."

"웃는다는 것은 기쁘다는 것이고, 기쁘면 존재 역량이 증가하니까 현명한 사람은 항상 웃는 얼굴을 하고 있겠네."

"뿐만 아니라 현명한 사람은 삶의 어두운 면보다는 밝은 면에 주목하고, 인간의 단점보다는 장점에 주목하면서 밝고 쾌활하게 살아가는 사람이야."

"그렇구나. 앞으로는 되도록 긍정적인 생각을 하면서 웃고 살아야겠어. 누나, 사람이 웃을 때 뇌하수체에서 모르핀보다 200배나 효과가 강한 엔도르핀이 분비되고, 부신에서는 염증을 낫게 하는 화학 물질이 나온다는 거 알아? 모르핀이 통증을 완화시켜 주는 역할을 하잖아. 그런데 엔도르핀이 200배나 효과가 강하다니 정말 대단하지? 심지어는 강력한 면역 세포를 활성화시켜서 감기는 물론 성인병까지 예방해 주고 암세포를 없애 준대."

이렇게 해서 누나와 나의 스피노자 공부는 끝이 났습니다. 나는 아주 큰일을 해낸 것처럼 마음이 뿌듯해졌습니다. 누나는 《에티카》의 마지막 부분을 읽다가 잠이 들었습니다.

누나가 잠깐 잠이 든 사이에 나는 누나의 노트를 꺼내서 노예와 자유인에 대한 부분을 살펴보았습니다.

우리는 매우 쉽게 감정이나 군중 심리에 의해서 이끌리는 사람과 이성에 의해서 인도되는 사람 사이에 어떤 차이가 있는지를 알 수 있을 것이다. 왜냐하면 전자는 자신이 원하든 원하지 않든 자신이 전혀 모르는 것을 행하는 반면 후자는 오직 자기 자신만을 따르며 자신의 삶에서 가장 중요하다고 인식한 것만을 따라서 자신이 바라는 것을 행하기 때문이다. 이에 나는 전자를 노예라 부르고, 후자를 자유인이라고 부른다.

자유인은 감정에 휘둘리지 않고 자신의 존재 역량을 증가시키기 위해 이성적으로 판단하면서 행동한다. 또한 자유인은 다른 사람을 미워함으로써 자신의 존재 역량이 감소되는 것을 피하려고 할 뿐만 아니라 다른 사람도 미움의 감정에 사로잡히지 않도록 노력한다.

생각하면 할수록 스피노자는 참 대단한 사람인 것 같습니다. 감정에 치우치지 않고 이성적으로 판단하여 행동하는 것도 쉽지 않은데 어떻게 다른 사람의 감정까지 고려할 수가 있을까요?

하지만 우리가 다른 사람들을 비난하거나 증오하고 있을 시간에 그 에너지를 사랑과 관용으로 바꾸려고 애쓴다면 아주 불가능한 일도 아닐 것 같습니다.

3 여행지에서의 다짐

드디어 우리 가족은 호미곶에 도착했습니다. 생각했던 것보다 일찍 도착해서 일몰을 보기에는 이른 시간이었습니다. 그래서 우리 가족은 먼저 등대 박물관을 구경하기로 했습니다. 등대 박물관은 1982년 호미곶 등대가 지방 기념물 제39호로 지정된 것을 기념하여 세워진 국내 최초의 국립 등대 박물관입니다. 주로 그래픽 패널과 선박 모형이 전시되어 있었는데 선박 모형이 너무 마음에 들어서 눈을 뗄 수가 없었습니다.

야외 전시장까지 한 바퀴 둘러 본 뒤에 우리 가족은 호미곶 해맞이 광장으로 갔습니다. 엄마는 '상생의 손' 앞을 떠날 줄을 몰랐습니다.

"진짜 '상생의 손'이 두 개네. 오른손은 바다에 있고 왼손은 광장 안에 있어. 거리만 떨어져 있지 가까이 붙여 놓으면 정말 마주 잡을 수 있겠는데……."

아빠가 '상생의 손'을 바라보는 엄마를 끌어서 '연오랑 세오녀' 상 앞으로 데려가셨습니다.

"여보, 이게 아까 전에 말했던 '연오랑 세오녀' 상이야. 서로 마주 보고 서 있는 형상이 꼭 금슬 좋은 우리 부부 같지 않아?"

"그러게요. 해와 달의 상징이라고 해서 뭔가 특이하게 생겼을 줄 알았더니 그냥 평범한 부부 같아요. 당신은 연오랑, 나는 세오녀. 정말 잘 어울리네요."

"또 시작하셨네. 말 한마디 안 하실 때는 언제고……."

"다들 저기 좀 보세요. 해가 질 거 같아요."

일몰이 시작되었습니다. 하늘이 붉게 물들고 바다 빛이 검붉어졌습니다. 나는 일출과 일몰이 그저 해가 떠오르고 지는 것의 차이라고 생각했었는데 일몰이 좀 더 쓸쓸한 느낌을 주었습니다. 누나는 왠지 일몰이 더 분위기 있고 운치 있다면서 아주 좋아했습니다.

"자 이제 구룡포의 자랑, 과메기를 먹으러 가 볼까?"

"아빠 과메기가 뭐예요? 설마 갈매기를 말씀하시는 건 아니겠죠?"

"왜 아니겠어? 조금만 기다려라. 아빠가 호랑이처럼 날렵하게 뛰어올라서 잽싸게 갈매기를 낚아 주마. 그거 잡아서 그냥 기름에 튀기면 되는 건가? 아니면 백숙을 만들어서 먹어 볼까?"

"하하하. 아빠가 농담하시는 거야. 과메기는 청어나 꽁치를 말린 것인데, 옛날에는 눈을 꿰어 말렸다고 해서 관목(貫目)이라고 불렀어. 그런데 구룡포 지방에서는 눈 목〔目〕 자를 메기라고 발음했고, '관메기'에서 'ㄴ'마저 탈락해 과메기가 된 거지."

"그렇구나. 그럼 과메기는 조류가 아니라 어류겠네요. 해안 지방에 왔으니까 어류를 먹어야죠. 아~ 맛있겠다."

"뭔지도 모르면서 입맛부터 다시는 거냐? 일단 먹을 수 있는 건지 확인부터 하자."

우리 가족은 과메기로 유명한 구룡포에 가서 과메기를 먹기로 했습니다. 구룡포라는 이정표가 없더라도 여기가 구룡포임을 쉽게 알 수 있을 만큼 과메기 집들이 많이 있었습니다. 우리 가족은 그중 한 식당 안으로 들어갔습니다.

"어서 오세요. 이쪽으로 앉으세요."

"경상도 지역이라서 사투리를 많이 쓰실 줄 알았는데 이곳 분이 아니신가 봐요?"

"아니에요. 요즘은 텔레비전을 많이 보니까 사투리 쓰는 사람이 별로 없어요."

"야! 니 지금 모하노? 물 안 갖고 오고 모하는 기고 참말로."

사실 나는 아까 전부터 억양 때문에 웃음이 나오는 것을 참고 있었습니다. 그런데 아주머니께서 무심코 사투리를 쓰시는 바람에 나는 결국 웃음을 터뜨리고 말았습니다. 아주머니가 얼굴을 붉히면서 말씀하셨습니다.

"니 때문에 들켰다 아이가."

"뭐 어때요? 재밌고 듣기 좋은데요."

"과메기 드실 거지요. 준비해 드릴게요."

잠시 뒤에 우리 앞으로 과메기 한 접시와 초장, 물미역, 배추, 쪽파, 마늘, 고추 등이 담긴 접시들이 들어왔습니다. 과메기는 반으로 갈라진 채 접시에 나란히 놓여 있었습니다.

"이걸 어떻게 먹으라는 걸까요?"

"참 당신도 과메기 처음 먹는 거지? 난 전에 이 근처로 출장 와서 먹어 본 적이 있거든. 그럼 다들 나를 따라서 한번 먹어 보라고."

아빠는 손바닥 위에 미역을 펴고 과메기를 얹은 다음 쪽파와 마늘, 고추를 초장에 찍어 올리고 미역으로 말아서 먹는 시범을 보여 주셨습니다.

"에이~, 그냥 쌈을 싸서 먹는 거랑 똑같잖아요?"

"모르는 것 같아서 알려 줬더니만."

어찌 됐든 우리 가족들은 아빠가 시범을 보이신 대로 쌈을 싸서 과메기를 먹었습니다. 약간 비린 듯하기는 했지만 계속 씹고 있으니까 고소한 맛이 났습니다.

"아줌마, 이거 꽁치 말린 거지요?"

"맞습니더. 옛날에는 청어를 마이 썼는데 요즘은 청어가 마이 안 잽히가 꽁치를 마이 씁니더. 맛이 꼬시지요? 그게 씹으면 씹을수록 맛이 난다 아입니꺼. 과메기를 마이 묵으면 피부 미용에도 좋고 힘 안 날 때도 아주 좋습니더."

누나는 피부 미용에 좋다는 말에도 입맛이 돌지 않는지 잘 먹지 못했습니다. 아빠는 과메기 쌈을 많이 드셔서 힘이 많이 나시는지 기분이 좋아 보였습니다. 누나의 얼굴과 아빠의 얼굴은 완전히 극과 극이었습니다.

"그런데 우리 우식이 먹는 양이 많이 줄어든 거 같아. 어디 아프니?"

"아니에요. 자꾸 과식을 해서 탈나면 존재 역량이 줄어들 것 같아서 이제는 적당히 먹기로 했어요."

"존재 역량? 그게 뭐니?"

"누나한테 배운 건데요. 사람한테는 누구나 존재하려고 하는 힘이 있대요. 그래서 그 사람이 기쁨을 느끼면 존재 역량이 증가하고, 그 사람이 슬픔을 느끼면 존재 역량이 줄어든대요."

"우리 우식이는 아는 게 많아서 먹고 싶은 것도 많을 텐데 적당히 먹느라고 힘들겠구나."

"하하하."

과메기로 저녁을 해결한 후 우리 가족은 숙소를 잡아 들어갔습니다. 다들 피곤해서 얼른 씻고 금방 잠자리에 들었습니다. 바다가 가까이에 있어서 그런지 불을 끄고 누우니까 파도치는 소리가 옅게 들려왔습니다. 나는 파도 소리에 귀를 기울이다가 '섬집 아기'라는 노래가 떠올랐습니다. 어렸을 때 할머니의 무릎을 베고 누우면 제게 불러 주셨던 노래입니다. 지금 할머니가 곁에 계셔서 이 노래를 불러 주신다면 이곳 분위기와 정말 잘 어울릴 것만 같았습니다.

나는 누나에게 스피노자에 대해 배우면서 할머니를 기쁘게 떠올릴 수 있게 되었습니다. 할머니의 죽음을 내 탓으로 돌리면서 슬픔에 빠지는 것은 내 존재 역량에도 나쁜 영향을 미치겠지만 할머니 역시 매우 슬퍼하실테니까요. 경환이네 어머니가 아버지의 잘못이 아닌 화물 트럭 운전사의 잘못으로 돌아가셨듯이 할머니께서 그날 넘어지셔서 돌아가신 것이 아니라 위암에 걸려 돌아가셨으니 더 이상 나를 원망하지 말아야겠다고 생각했습니다. 그래서 나는 할머니를 사랑하는 마음으로 할머니와의 즐거웠던 추억들을 떠올리면서 행복해하기로 마음먹었습니다. 어디선가 '섬집 아기' 노래가 들려오는 것 같았습니다. 나는 어느새 잠이 들어서 어디까지 노래를 들었는지 모르겠습니다.

다음 날 아침, 우리 가족들은 바다 근처로 숙소를 잡은 덕에 일출을 편안하게 볼 수 있었습니다. 숙소가 멀리 있었다면 다들 늦잠을 자서 일출을 보지 못할 뻔했는데 사람들이 웅성거리는 소리에 잠에서 깨어 세수도 하지 않고 뛰어나갔습니다.

"야~ 진짜 멋지다."

"누나, 우리 소원 빌자."

"지금은 새해 첫날도 아닌데?"

"그런 고정관념은 버리고, 멋진 남자 친구 생기게 해 달라고 빌어 보지?"

"요 녀석이……."

누나는 나를 잠깐 흘겨본 후, 눈을 감고 무언가를 중얼중얼거렸습니다. 나도 눈을 감고 마음속으로 기원했습니다.

'스피노자가 말했던 현명한 사람이 되게 해 주세요.'

우리 동네가 점점 가까워지자 나는 구멍가게 할머니가 생각났습니다. 한동안 구멍가게에 가지 못했는데 구멍가게 할머니가 건강하게 잘 계신지 걱정이 되었습니다.

나는 여행 가방을 풀어서 물건들을 정리하고 구멍가게에 갔습니

다. 구멍가게 할머니는 여전히 담요를 깔고 앉아서 머리핀을 만들고 계셨습니다.

"할머니, 그동안 안녕하셨어요?"

"오랜만에 왔구나. 오늘은 뭘 줄까?"

"오늘은 뭐 사러 온 게 아니에요. 할머니가 보고 싶어서 왔어요."

"원, 녀석도. 이제 봐서 좋으냐?"

"네, 할머니! 오랜만에 제가 다리 주물러 드릴게요."

나는 정성을 다해 구멍가게 할머니의 다리를 주물러 드렸습니다. 처음에는 우리 할머니가 떠올라서 구멍가게 할머니를 좋아했지만 지금은 구멍가게 할머니에게 정이 든 것 같습니다. 구멍가게 할머니가 우리 할머니는 아니지만 지금부터는 우리 할머니처럼 생각하기로 했습니다. 그리고 안마기는 꼭 잊지 않고 사 드리기로 결심했습니다..

신에 대한 지적인 사랑 – 최상의 행복에 이르는 길

스피노자 윤리학의 목표는 감정이 억압하는 상태에서 벗어나 자유인 으로서 살아가는 것이라고 할 수 있어요. 스피노자가 감정의 억압으로 부터 벗어나는 유일한 통로로서 '참된 인식'을 제시하고 있답니다.

참된 인식은 원인에 대한 인식이라고 할 수 있어요. 다시 말해서 감정 의 속박으로부터 벗어나는 것과 감정의 원인을 이해하는 것은 같은 의 미입니다. 왜냐하면 감정을 일으킨 상황의 원인을 알게 되면 우리는 더 이상 감정에 휘말리지 않기 때문이죠. 예를 들어 볼게요. 차를 타고 가 다 보면 외국인 노동자들이 거리에서 시위를 해서 길이 막히는 경우가 있죠. 그럴 때 우리는 짜증을 내고 화를 내면서 씩씩거리게 됩니다.

하지만 외국인 노동자들이 이 땅에서 얼마나 비인간적인 대우를 받고 있는지를 알게 되고, 시위가 그들의 비인간적인 환경을 사람들에게 알 릴 수 있는 유일한 수단이라는 것을 알게 되면 짜증과 화는 점차 사라지

게 될 것입니다. 아니, 그런 상황을 이해하는 순간 우리는 오히려 그들이 인간답게 살아갈 수 있도록 도움을 주었다는 기쁜 마음을 가질 수 있답니다. 이를 요약하면, 잘 몰라서 갖게 되었던 수동적인 감정이 이해를 통해 기쁨이라는 능동적인 감정으로 바뀌는 거라고 할 수 있어요.

우리는 원인을 모르면 외부 상황에 따른 감정에 얽매여서 살아갈 수밖에 없어요. 하지만 우리가 이성을 통해 원인을 알게 되면 감정의 속박으로부터 벗어나 기쁨으로 충만한 삶을 살 수 있어요.

더 나아가 모든 것은 신으로부터 생겨난 것으로서 신의 변화된 모습이며, 표현이라는 것을 알았다고 생각해요. 우리에게 영향을 미치는 다른 사람들의 행위가 그들의 의지에 따라 자유롭게 선택된 것이 아니라 법칙에 따라 필연적으로 생겨난다는 사실을 이해할 수 있답니다. 이것을 깨닫기만 하면 다른 사람에 대한 분노나 증오는 사라지고 기쁨이 그 자리를 대신하게 되죠.

이러한 기쁨의 원인이 신이라는 것을 알게 될 때, 우리는 신을 사랑하지 않을 수 없답니다. 이러한 사랑은 이성 인식을 통한 사랑이기에 스피노자는 이것을 신에 대한 지적인 사랑이라고 말하고 있어요. 이러한 지

적인 사랑에서 생기는 마음의 평화와 정신적 기쁨을 누리는 것이 바로 스피노자가 말하는 최상의 행복이랍니다. 신에 대한 지적인 사랑을 소유한 사람은 모든 감정의 속박으로부터 벗어나 세상에서 일어나는 어떤 일과 마주치더라도 수동적으로 감정에 의해 이리저리 휘둘리지 않을 수 있는 자유인이라고 할 수 있어요. 감정의 노예 상태에서 벗어나 신을 인식함으로써 자유인으로 기쁘게 살아가는 것, 이것이 바로 스피노자 윤리학의 목표랍니다.

　사실 이러한 목표에 도달한다는 것은 쉬운 일도 아닐뿐더러 자주 일어나는 일도 아닙니다. 그래서 스피노자는 《에티카》에 이렇게 적고 있어요.

　"모든 고귀한 것은 힘들 뿐만 아니라 드물다."

에필로그

　여행을 다녀온 뒤로 나는 주변의 여러 가지 상황을 스피노자의 철학과 연관 지어 생각하는 버릇이 생겼습니다. 한 가지 재미있는 사실은 내게 스피노자에 대해 가르쳐 주었던 우리 누나가 커피 때문에 자신의 존재 역량을 감소시키고 있다는 것입니다. 누나는 커피를 마시면 기분이 좋아진다고 하루에 서너 잔씩 커피를 마셨습니다. 문제는 밤이 되면 잠이 안 와서 다음 날 늦게 일어나기가 일쑤라는 것이지요.

　"누나 또 마셔?"

　"저녁을 먹었으니 하루를 정리하면서 커피를 마셔야지."

　"오늘 밤에도 잠 안 온다고 난리치려고? 누나는 스피노자에 대해서 공부한 거 잊어버렸어? 처음에는 우리를 기쁘게 하는 것이라고 생각해서 선택한 것이 나중에는 우리를 슬프게 할 수도 있다고 그랬었잖아. 전체적으로 그것이 우리의 존재 역량을 증가시켜 주는지 이성적으로 판단해야 한다고 가르쳐 준 사람이 누구야?"

"그러게 말이다. 현명한 사람은 아무나 되는 게 아닌가 봐."

 벨이 울리고 아빠가 퇴근해서 집에 돌아오셨습니다. 아빠의 손에는 큰 상자 하나가 들려 있었습니다.

 "당신, 오늘 회식이 있어서 늦는다고 했잖아요. 회식이 이렇게 일찍 끝났어요?"

 "아니야, 회식이 취소돼서 오는 길에 한약을 좀 지어 왔어. 여보, 이거 당신 거야."

 "갑자기 웬 한약이에요? 당신이나 드세요."

 "어허~ 선물 받는 사람의 기본이 안 되어 있구먼."

 이 세상에 선물을 싫어하는 사람은 없겠지만 우리 엄마는 아무리 선물이라도 한약만큼은 무지 싫어하십니다. 엄마는 받아들 생각도 안 하시고 인상부터 찡그리십니다.

 "그동안 내가 새 차 산다고 하는 통에 당신이 많이 힘들었을 거 같아서 샀어. 그러니까 하루도 거르지 말고 열심히 먹어서 건강 지켜야지."

 "맞아요, 엄마. 처음 먹을 때는 써서 먹기 싫고 엄마를 힘들게 하겠지만 결국에는 엄마의 몸을 건강하게 지켜 줄 거예요. 엄마의 존재 역량을 강화시켜 줄 테니까 맛있게 드세요."

그때였습니다. 누나가 내게 손바닥을 펴 보이면서 말했습니다.

"이봐, 스피노자 씨. 너도 나한테 뭐 줄 거 없어?"

"없는데……."

"네가 가져간 노트 이제 줄 때도 되지 않았니?"

"알고 있었어? 미안해. 거의 다 봤으니까 내일 아침에는 꼭 줄게."

그동안 나는 틈틈이 누나의 노트를 베껴 두었습니다. 누나가 얘기를 꺼내지 않아도 오늘 스피노자 철학을 정리한 부분을 옮겨 적으면 내일 쯤에 돌려줄 생각이었습니다. 나는 마지막으로 남은 부분을 한 글자 한 글자 읽으면서 써 내려갔습니다.

스피노자가 말하는 최고의 행복은 감정을 억제하고 통제함으로써 얻게 되는 것이 아니라 감정을 이성의 힘으로 이해하여 기쁨으로 전환시키는 데 있다. 따라서 우리는 이성이 제대로 능력을 발휘할 수 있는 여건을 마련해 주어야 한다. 그렇지 않으면 이성은 쉽게 감각이나 상상에 의해 판단을 잘못하여 우리를 감정의 노예로 전락시킬 수도 있다. 우리 삶에 있어서 무엇보다도 유익한 것은 우리가 가능한 한 이성의 안내를 받는 것이고, 그 이성을 가능한 한

완전하게 만드는 것이다.

  나는 며칠 뒤에 조금씩 모아 둔 용돈으로 안마기를 샀습니다. 할머니가 안마기를 받고 기뻐하실 것을 생각하니 온몸이 간질간질했습니다. 나는 100m 달리기를 할 때보다 더 힘을 내서 구멍가게를 향해 뛰었습니다.

  "할머니, 오래오래 사세요. 안마기가 있어도 제가 할머니 다리를 열심히 주물러 드릴게요."

통합형 논술
활용노트

01 스피노자가 말한 존재 역량을 보았을 때, 제시문 (나)에서 장애인 부부의 존재 역량을 감소시키는 것을 무엇일까요? 그렇게 생각하는 이유와 장애인 부부의 존재 역량을 증가시키기 위해서 어떻게 해야 하는지 설명해 보세요.

(가) 스피노자는 우리를 기쁘게 하는 것을 선(좋은 것), 우리를 슬프게 하는 것을 악(나쁜 것)이라고 불렀어. 즉, 우리의 존재 역량을 증대시키는 것은 선이고, 존재 역량을 감소시키는 것은 악이라는 것이지. 우리가 어떤 것을 대했을 때 기쁨이나 슬픔의 감정을 지각했다면 그것은 선이나 악이라고 할 수 있기 때문에 선과 악은 우리의 감정과 밀접하게 연관되어 있어.

그러나 감정은 중요한 것이고 인간이 본질적으로 감정의 동물이라고 해서 우리가 감정에만 의존하여 존재 역량을 높일 수는 없어. 우리의 감정은 기쁨이든 슬픔이든 그 위력이 대단해서 우리가 그것으로부터 빠져나오기가 매우 어렵기 때문이야.

　　　　　　　　　　　－《스피노자가 들려주는 윤리 이야기》(자음과모음) 중

(나) "18년간 착취당했다" 장애인 부부 소송

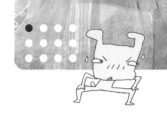

양계장에서 18년 동안 노동력을 착취당했다고 주장하는 장애인 부부가 임금을 청구하는 소송을 제기했다. 장애우 인권문제연구소는 19일 "지체장애 3급인 장모(58)씨 부부가 양계장에서 1988년부터 월급을 받기로 하고 일을 해 왔으나 18년간 임금을 지급받지 않은 것으로 드러나 양계장을 운영하는 A씨를 상대로 4억 8천만 원의 미지급 임금 등 청구 소송을 제기했다"고 밝혔다.

인권문제연구소는 "A씨는 1992년 장씨 부부의 보호자 행세를 하며 이들 몰래 통장을 만들어 정부에서 지원하는 생계 보조비 등을 가로챘으며 지난해 4월까지 A씨가 가로챈 금액은 6천 900만 원"이라고 주장했다.

– ○○신문 2007년 11월 20일

02 제시문 (가)에 등장하는 '나'가 '할머니'에 대해 가지는 감정과 제시문 (나)에 등장하는 '소년'이 '소녀'에 대해 가지는 감정에는 공통점이 있습니다. 공통점에 대해서 설명하고, 그 감정은 스피노자가 말한 존재 역량 증가·감소에 어떤 영향을 끼치는지 설명하세요.

(가) 나는 부침가루를 달라고 말씀드리고는 구멍가게 할머니를 바라보았습니다. 구멍가게 할머니는 부침가루를 찾아서 걸음을 옮기셨는데 다리 한쪽을 살짝 절면서 걸으시는 모습이 우리 할머니와 꼭 같다는 생각이 들었습니다.
엄마의 심부름이 아니더라도 나는 가끔 할머니네 구멍가게에 가서 할머니와 이야기를 나누기도 하고, 할머니의 다리를 주물러 드리기도 했습니다. 나는 구멍가게 할머니가 정말 좋았습니다. 구멍가게 할머니도 나를 몹시 귀여워해 주셨습니다. 나는 종종 우리 할머니를 떠올렸고, 구멍가게 할머니께는 꼭 안마기를 사 드려야겠다고 다짐했습니다.

— 《스피노자가 들려주는 윤리 이야기》 (자음과모음) 중

(나) 다음 날부터 좀 더 늦게 개울가로 나왔다. 소녀의 그림자가 뵈지 않

았다. 다행이었다.

그러나 이상한 일이었다. 소녀의 그림자가 뵈지 않는 날이 계속될수록 소년의 가슴 한구석에는 어딘가 허전함이 자리 잡는 것이었다. 주머니 속 조약돌을 주무르는 버릇이 생겼다.

그러한 어떤 날, 소년은 전에 소녀가 앉아 물장난을 하던 징검다리 한가운데에 앉아 보았다. 물속에 손을 잠갔다. 세수를 하였다. 물속을 들여다보았다. 검게 탄 얼굴이 그대로 비치었다. 싫었다.

– 황순원, 〈소나기〉 (중1–2 국어 교과서) 중

03 (가)에 나오는 존재 역량의 증가와 감소에 관한 내용을 바탕으로, (나)의 마쓰시다 회장이 자신의 존재 역량을 어떻게 변화시켰는지 말해 보세요.

(가) "(……) 기쁨이란 우리의 존재 역량이 증가되었을 때 갖게 되는 감정이고, 슬픔은 우리의 존재 역량이 감소되었을 때 갖게 되는 감정이야. 즉, 우리가 어떤 외부 대상과 마주치고서 기쁨을 느낀다면 우리의 존재 역량이 증가되었음을 의미하고, 반대로 슬픔을 느낀다면 우리의 존재 역량이 감소했음을 의미하는 거지."

"하지만 나는 음식을 먹을 때 기쁨을 느끼는걸."

"지금은 음식을 못 먹게 돼서 슬픔을 느끼잖아. 존재 역량을 증가시키는 것은 생각보다 쉬운 것은 아니야. 우리는 신이 아니기 때문에 우리가 원하든 원하지 않든 간에 외부의 영향을 받을 수밖에 없고, 그 영향에 따라서 존재 역량의 증가와 감소를 경험할 수밖에 없어. 우리는 늘 존재 역량의 증가를 간절히 바라지만 우리를 기쁘게 하는 것들만 만나면서 살 수는 없다는 거지.

－《스피노자가 들려주는 윤리 이야기》(자음과모음) 중

(나) 성공한 어떤 사람에게 그 비결을 묻자 다음과 같이 말했다.

"성공한 비결이라…… 하느님이 저에게 세 가지의 은혜를 주셨기에 성공할 수 있었지요. 첫 번째는 가난을 주셨습니다. 가난 때문에 구두를 닦거나 신문팔이도 했지요. 그래서 세상을 살아가는 데 필요한 좋은 경험들을 쌓았던 것입니다. 두 번째, 나는 태어날 때부터 몸이 약했습니다. 그래서 항상 운동을 했고, 지금껏 건강할 수 있었던 지요. 세 번째, 나는 초등학교도 다니지 못했기 때문에 세상의 모든 사람들을 저의 스승이라 생각했습니다. 그래서 나는 어느 누구에게나 물어보고, 배워가면서 일을 했습니다."

이는 일본 최대 재벌인 마쓰시다 회장의 말이다. 마쓰시다 회장은 세 가지의 불행을 감사하게 생각했다. 불행 때문에 좌절한 것이 아니라, 오히려 불행을 성공할 수 있는 기회로 삼은 것이다.

— 《내 아이에게 들려주는 32가지 인생 이야기》 중

04 제시문 (가)에 나오는 스피노자의 삶과 제시문 (나)에서 주장하는 바의 공통점을 말하고, 자신의 생각을 이야기해 보세요.

(가) 사람들은 처음에는 행복하게 살기 위해서 돈을 벌려고 하지만 돈에 대한 사랑이 집착으로 변하면 결국 돈이 수단이 아니라 목적이 되어 돈에 끌려 다닐 수밖에 없게 돼. 돈의 노예가 되어 건강도 잃고 소중한 사람도 잃고 심지어는 생명까지 잃게 되는 거지.

그렇다고 스피노자가 돈이나 재물에 전적으로 부정적이었던 것은 아니야. 스피노자는 돈에 관한 한 생명과 건강을 유지하고 나라의 관습을 존중하는 일에 필요한 정도만 추구하라고 말했어. 그래서 스피노자는 안경 렌즈 가는 일을 생계 수단으로 삼아 꼭 필요한 정도만큼만 벌면서 상당히 검소한 생활을 했던 것으로 알려져 있어."

– 《스피노자가 들려주는 윤리 이야기》 (자음과모음) 중

(나) 연속적이고 분할할 수 있는 모든 것에서는 더 많은 양을, 혹은 더 적은 양을, 혹은 동등한 양을 취할 수도 있다. 이때 동

등함은 지나침과 모자람의 '어떤 중간이다. (……) 지나침과
모자람을 피하며 중간을 추구하고 그것을 선택해야 한다.

– 2008년도 수학 사화탐구 영역 윤리 14번 제시문 (홀수형)

05 아래의 제시문들에서 공통적으로 나타난 신에 대한 입장을 말해
보세요.

(가) 스피노자가 생각하는 신은 이 세계를 창조하고 이 세계를
　　초월하여 존재하는 신이 아니에요. 바로 이 세계에 내재하
　　는 신, 즉 이 세계에 깃들어 있는 신이죠. 유대-기독교의 신
　　은 이 세계 없이도 존재할 수 있지만, 스피노자의 신은 이
　　세계와 운명을 같이 하는 신이에요. 그래서 스피노자는 '신
　　과 세계는 구분해 볼 수는 있지만, 결코 분리될 수 없는 하
　　나'라고 생각했어요. 스피노자는 이러한 생각을 "신은 곧
　　자연"이라는 말로 표현하고 있어요. (……) 스피노자의 신은
　　필연적인 인과 법칙에 따라 스스로를 표현할 뿐 그 이상도
　　그 이하도 아니랍니다. 이렇게 볼 때 유대-기독교의 신은
　　믿음의 대상이라고 할 수 있어요. 간절히 믿고 기도하면 유
　　대-기독교의 신은 그에 대한 응답으로 은총을 베풀고 기적
　　을 만들어요. 하지만 스피노자의 신은 믿음의 대상이 아니
　　라 이해의 대상이랍니다. 스피노자의 신은 제아무리 간절히
　　기도해도 응답하지 않습니다. 스피노자에게 있어서 이 세계
　　는 신의 표현물이랍니다. 그리고 이 세계를 지배하는 것은
　　인과적 법칙에 따른 냉혹한 필연성뿐입니다. 따라서 우리가

해야 할 일은 믿음과 기도가 아니라 필연적인 인과의 법칙
을 이해하는 것이에요.

-《스피노자가 들려주는 윤리 이야기》(자음과모음) 중

(나) 스피노자는 철저히 이성적인 삶을 지향하였다. 그는 우주를
필연적 질서에 따라 움직이는 하나의 거대한 기계로 생각하
였고, 이 세상에서 일어나는 모든 일은 원인과 결과로써 필
연적으로 서로 맺어져 있다고 생각하였다. 그런데 인간은
유한한 존재로서 불충분한 지식밖에 갖고 있지 못하기 때문
에 늘 불안하다. 그러나 누군가가 진정으로 이성적이 되어
모든 사물의 궁극적인 원인과 질서를 인식할 수 있다면, 그
는 마음의 안정과 평화를 얻어 이웃을 사랑하고 우주와 참
된 조화를 이룰 수 있을 것이다. 스피노자는 이렇게 모든
것을 이성적으로 관조하는 데서 오는 평온한 행복이야말로
인간에게 가능한 유일한 최고의 선이라고 보았다.

-〈윤리와 사상〉(고등학교 교과서) 중

(다) 우리가 경험할 수 있는 것의 배후에는 우리가 그것의 아름
다움과 숭고함을 일순간에 파악할 수는 없지만 성찰을 통해
간접적이고 희미하게 인식하는 어떤 것이 있다. 그것은 종
교적인 것이다. 이런 의미에서 나는 종교적이다. (……) 나
는 자연에 목적이나 목표 혹은 의인화라고 생각될 수 있는
것을 갖다 붙인 적이 결코 없다. 내가 자연에서 보는 것은
우리가 매우 불완전하게만 이해할 수 있는 장엄한 구조이
다. 이 구조는 그것에 대해 생각하는 인간을 겸손한 느낌으
로 충만하게 한다. 그 느낌은 신비주의와 아무런 관련이 없
지만 진정으로 종교적인 것이다.

(의인화擬人化: 사람이 아닌 사물을 사람에 견주어 나타냄)

— 아인슈타인

통합형 논술
문제풀이

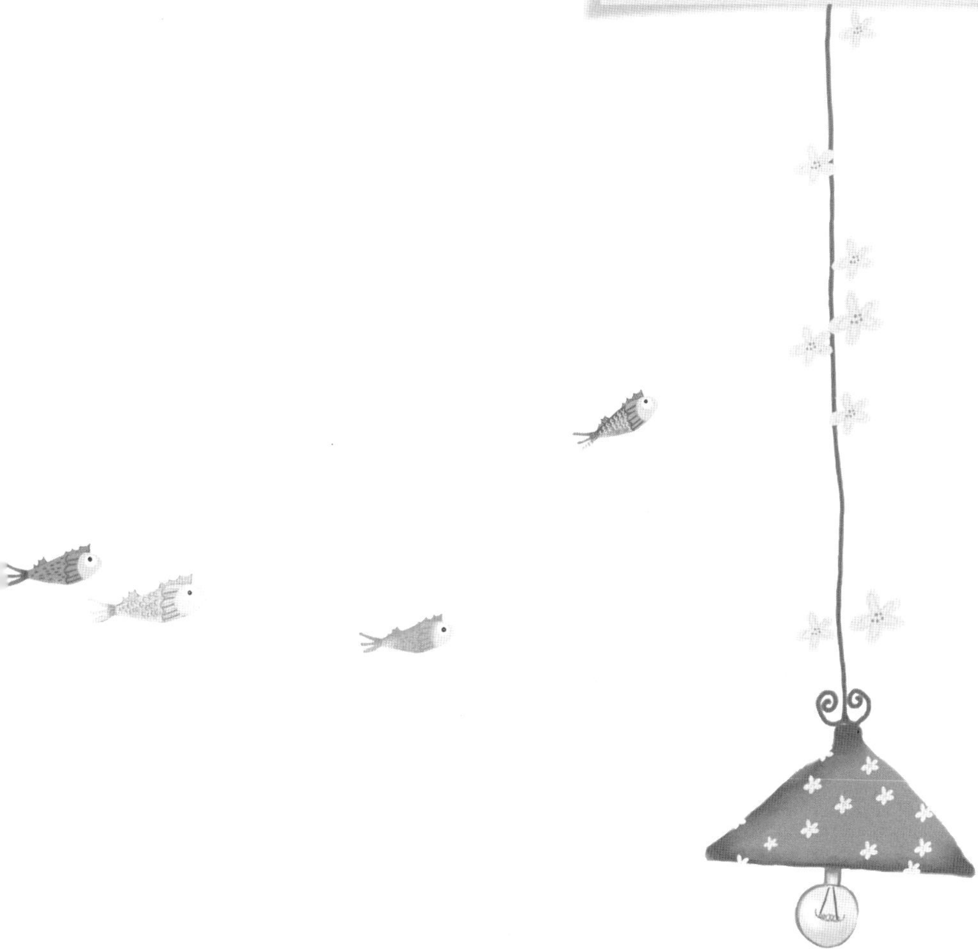

01 　장애인 부부는 일을 하고서도 돈을 받지 못했습니다. 이런 상황은 자신들의 노동력 가치를 제대로 인정받지 못한 것으로 장애인 부부를 슬프게 하는 것입니다. 슬프다는 것은 자신의 존재 역량을 감소시킨다는 것이고, 자신에게 나쁜 것이 됩니다. 장애인 부부의 존재 역량을 감소시킨 원인은 양계장 운영자가 법을 어긴 행동입니다. 장애인 부부는 노동에 마땅한 임금을 받아야 했습니다. 그러나 양계장 운영자는 장애인 부부를 속이고 18년 동안 일만 시키고 임금을 주지 않았습니다. 게다가 장애인 부부의 정부 지원비까지 가로챘으니 장애인 부부에게는 더욱 슬픈 일이며, 그들의 존재 역량을 감소시키는 것이고, 악이 되는 행동입니다. 다시 장애인 부부의 존재 역량을 증가시키기 위해서는 슬펐던 행위가 회복되어야 합니다. 18년간 밀린 임금과 정부 지원비 등을 받고, 정신적 피해 보상까지 모두 받아야 합니다. 하지만 이런 보상을 받는다고 장애인 부부의 존재 역량이 완전히 증가하는 것은 아닙니다. 장애인 고용 안정에 대한 적극적인 방안과 시설이 필요합니다. 그리고 많은 장애인들이 정정당당하게 일하고 임금을 받으며 살아가는 사회가 만들어 진다면 모든 장애인들의 존재 역량은 증가할 것입니다.

02 　제시문 (가)의 '나'는 돌아가신 할머니를 많이 그리워하고 있습니다. 그리고 제시문 (나)의 소년은 전날 함께 놀았던 소녀를 계속 기다리며 그리워합니다. 이 둘의 공통점은 바로 한 대상을 사랑해서 그리워하는 마음을 가지고 있는 것입니다. 사랑은 사람을 기쁘게 만들어 주며 그랬을 때 사랑의 존재 역량도 증가합니다. 그렇다고 해서 '사랑'이 많으면 많을수록 좋은 것만은 아닙니다. 사랑이 너무 많아 넘치면 사랑은 집착으로 변하고, 오히려 존재 역량을 감소시키는 나쁜 결과를 만듭니다. 예를 들어 누군가를 너무 많이 사랑하다가 상사병에 걸린 사람이 있다고 합시다. 몸과 마음이 아프고 병들게 되니 자신의 존재 역량은 감소합니다.

우리가 좋은 것도 너무 많이 먹으면 배탈이 나듯이 어떤 것이든 과하면 몸에 해롭습니다. 그러니까 이성은 감정을 잘 조절하여 넘치지 않는 기쁨으로 지내는 삶을 살도록 도와주어야 합니다.

03 (가)를 보면 자신의 존재 역량이 증가할 때엔 기쁨을, 감소할 때엔 슬픔을 느낀다고 합니다. 기쁨은 자신이 원하는 바를 이룰 때 느끼는 것이고, 슬픔은 그 반대일 때에 느끼게 됩니다.
(나)의 마쓰시다 회장은 자신에게 주어진 슬픔을 기쁨으로 전환시키려는 태도로 살아갑니다. 가난과 병약함과 무지함은 모두 존재 역량을 감소시키며 우릴 슬프게 만드는 것들입니다. 하지만 마쓰시다 회장은 가난으로 인해 더욱 세상 경험을 풍부하게 쌓았고, 병약함으로 인해 운동을 열심히 하여 더욱 건강해졌으며, 자신의 무지함을 알고 배움에 열중함으로써 더욱 많은 지식을 쌓았습니다. 존재 역량이 감소될 수 있는 요인을 슬프게 생각하지 않고 오히려

기쁘게 생각함으로써, 그것들을 자신의 존재 역량의 증가 요인으로 만든 것입니다.
(가)에서는 외부의 영향에 따라 인간의 존재 역량이 증가 혹은 감소될 수밖에 없다고 말합니다. 하지만 마쓰시다 회장 같은 태도라면 아무리 어려운 상황에 처하더라도, 그것을 자신의 존재 역량이 증가하는 계기로 만들 수 있을 것입니다.

04 (나)글에서 주장하는 것은 지나침도 모자람도 아닌 중간, 즉 중용의 태도입니다. 이는 (가)에 나타나 있듯이, 스피노자가 돈이나 재물에 대해 가지고 있는 관점과 같습니다. 스피노자는 돈이 지나치게 많으면 집착하게 되고, 그렇다고 돈이 모자라면 생명과 건강을 유지하지 못한다는 것을 알고 있습니다. 그래서 안경 렌즈를 세공하는 일을 생계로 삼아, 자신이 살아가는 데에 지나치지도 모자라지도 않는 중간만큼의 재물만을 취하며 살아갔습니다.
우리는 이런 스피노자의 삶의 태도를 배워

야 합니다. "넘침은 부족함만 못하다"라는 말이 있는 것처럼 어느 상황에서든 중도를 취하는 것이 중요합니다. 중간을 추구한다는 것은 매순간 최선을 다하지 않고 적당하게 행동하는 것을 의미하지 않습니다. 지나침도 모자람도 아닌 중간을 지키는 것이 어떤 상황에서든 최선의 선택이며, 매순간 최선의 선택을 하는 삶이 바로 올바른 삶입니다. 이는 스피노자의 윤리관과도 밀접하게 연결되어 있습니다.

05 제시문 (가)와 (나)에서 스피노자는 신이라는 용어를 사용하고는 있지만, 유대-기독교의 신과는 달리 초자연적이거나 초월적인 존재를 믿지 않습니다. 스피노자에게서 신은 원인과 결과라는 필연적인 인과 법칙에 따라 스스로를 표현하며 이 세상과 하나를 이룹니다. 따라서 신은 곧 자연이라는 주장을 하고 있습니다. 이런 맥락에서 신이라는 단어는 '세계의 근본 원리'나 '삼라만상을 관통하는 본질' 등으로 바꾸어도 뜻에 큰 차이가

없습니다.

또한 스피노자의 신은 믿음의 대상이 아니라 이해의 대상입니다. 인간은 비록 제한된 능력밖에 없지만, 이성적인 안목으로 모든 사물의 궁극적인 원인과 질서를 인식할 수 있다면, 우주와 참된 조화를 이룰 수 있습니다. 제시문 (다)에서 아인슈타인도 아름답고 숭고한 자연을 보면서 마치 신을 대할 때 느낄 수 있는 장엄한 감정을 느낍니다. 우리 인간이 비록 제한된 지적 능력을 가지고 있긴 하지만, 겸손한 자세로 성찰한다면 이 자연에 조금이나마 다가갈 수 있다고 말하고 있습니다. 이러한 종교적 자세는 스피노자의 경우와 유사하게 자연 현상이 법칙에 지배된다는 사실을 비유적으로 표현한 것으로 볼 수 있습니다.